한국 자본주의 시장경제의

부정적 특징과 모습은

지속 가능한 경제발전을 가로막고 있다.

양종기 박사의 **경제이야기_3**

한국경제는 정상적인 시장경제인가?

머 | 리 | 말 |

오늘날 이 세상은 자본주의 세계가 지배하고 있다. 이 세계에서 자본주의가 가장 잘 발달된 나라는 미국이다. 미국은 시장논리가 무럭무럭 자라 지금은 꽃을 활짝 피어 있는 모범국가이다. 미국은 자본주의 시장경제를 수출하는 종주국으로 자처하고 있다. 미국은 세계경제를 움직이는 초강국이다. 한 때 공산주의 종주국으로 군림했던 러시아와 중국은 아직도 정치적으로 사회주의 체제 아래 있지만 시장을 도입한 자본주의 세계로 이행해 가고 있는 중이다. 자본주의는 마치 동전의 양면처럼 흔히 시장경제와 동의어로 쓴다. 시장경제란 무수한 시장으로 형성된 경제이다. 따라서 상품과 서비스가 시장을 통해 거래되는 곳은 모두 자본주의적 시장경제 요소가 작동하고 있다고 말할 수 있다.

본서는 저명한 경제학자들이 정의한 자본주의의 개념을 살펴보면서 한국 자본주의의 특징적인 성격과 모습을 찾아보고 있다. 한국의 자본주의는 우리나라 헌법에서도 법률적인 제도적 장치로서 명문화돼 있는 경제시스템이다. 역사적으로 볼 때 한국의 자본주의는 조선왕조 말기쯤 싹 트기 시작한 것으로 역사학자들은 보고 있지만 일제 조선 식민지 기간을 거쳐 해방 후 65년 동안 걸어오면서 본격적으로 형성되기 시작했다고 볼 수 있다. 한국의 자본주의 경제체제는 일제 식민지 시대까지 기산하더라도 100년 이상의 역사를 갖고 있는 셈이다. 이러한 한국의 자본주의는 어떠한 특징적인 성격과 모습을 띠고 있을까? 한국 자본주의의 성격과 특징을 어떻게 규정할 수 있을까? 이러한 질문들에 대해 본서는 그 답을 찾아보려고 필자 나름대로 모색하고 있다. 한국 자본주의는 한반도의 조선 땅에서 자생적으로 싹트지 못했다고 역사학자들은 보는 이들이 있지만 서구에서 싹트고 발전한 자본주의가 한국에 이식됐다는 의미에서 한국형 자본주의를 형성하였다. 이러한 한국형 자본주의는 해방 후 권력을 잡은 자들과 기업을 포함한 추종집단들이 한국사회를 이끌고 가며 만들어져 갔다. 그런 의미에서 한국 자본주의는 국가 또는 관치 또는 지도 자본주의 형태를 띠고 있다. 한국의 경제 질서는 그들에 의해 만들어진 한국 특유의 자본주의 경제사회를 만들었다. 일제 식민지시대에는 일본권력자들과 조선인을 포함한 추종집단들이 당시 조선 땅에 한국형 자본주의를 만들었다. 일제 지배기의 한국 자본주의는 일제 제국주의적인 방식의 자본축적과정에 따라 북한에는 공업을, 남한에는 농업을 집중 개발하는 양상으로 발전되었다. 식민지 조선의 자본주의경제는 한국형 자본주의를 낳은 뿌리를 제공하였다. 당시 한국경제는 일제에 의해 인적 물적 자원배분이 근원적으로 왜곡되는 과정을 밟았다.

일제로부터 해방된 이후 한국 자본주의 경제는 일본이 남겨 놓은 유산을 중심으로 운용되었다. 한국경제는 대통령을 정점으로 한 추종 권력자(追從 權力者)들과 그들과 결탁한 민간 기업들에 의해 주도적으로 자본축적과정을 밟아가며 형성되어 갔다. 국가가 주도하는 자본주의 형성과정에서 만들어진 한국형 시장경제의 자본축적은 장기 군부집권을 통해 지역적 공간적으로 끊임없이 왜곡되어 갔다. 한국 자본주의 경제의 인적 물적 자원배분이 서울, 수도권과 경상도로 편중 이동해 가는 양상으로 이루어졌다. 한국 자본주의 경제는 국토 공간적으로 볼 때 지속적으로 왜곡되는 과정을 밟은 것이다. 서구 자본주의와 한국 자본주의의 자본축적 과정은 전혀 다른 발전과정을 밟았다. 서구와 한국은 서로 다른 길을 걸은 것이다. 서구자본주의는 농공업이 병행 발전하면서 국토 공간적으로 전국적인 공업입지가 배치되고 소득수준이 평준화되면서 끊임없이 배출되는 양질(良質)의 혁신적인 자본축적이 누적되는 과정을 걸었다. 서구경제는 노동력도 생산설비도 혁신적인 고급기술이 축적되는 자본심화(資本深化)과정을 거쳐 간 것이다. 그러나 우리나라가 걸어온 자본주의는 지역, 계층, 집단, 도농 간의 자원배분을 끊임없이 굴절시켜가면서 경제 질서를 부단히 왜곡하는 물량투입 위주의 자본축적과정을 밟아 왔다.

한국의 자본주의경제는 식민지 이전부터 싹트기 시작했지만 해방 전후부터 본격적으로 작동하면서 발전한 왜곡된 자본주의를 강화해 갔다고 볼 수 있다. 한국 자본주의경제는 한국적인 역사적인 배경에서 형성되었고 지금도 그런 배경 아래 형성되어 가고 있는 중이다.

한국 자본주의는 일제 강점기 때부터 흘러온 역사적 발전배경에서 형성된 특징적인 모습과 성격에서 추출할 수밖에 없다. 이러한 역사적 과정에서 형성된 한국자본주의는 한국 자본주의 정신이 무엇인가에 대한 질문도 자연스럽게 논의해 볼 수 있다.[1] 그러나 본서는 한국 자본주의 정신에 대해서는 다루지 않고 있다. 다시 말해서 한국 자본주의의 정신도 한국 자본주의 경제사회의 형성 과정에서 영향을 주고받으며 내재된 정신에서 추출할 수 있다고 보지만 여기서는 다루지 않고 있다. 한국 자본주의의 특징적인 성격과 모습은 서구의 경제학자들이 내린 자본주의의 분석을 통해 살펴보는 데 집중할 것이다. 저명한 경제학자들이 내린 중요한 분석적 내용을 기초로 한국 자본주의의 특징적인 성격과 모습을 찾아 볼 것이다. 자본주의에 대한 이론적 분석과 역사적, 정치사회학적인 시각에서 내린 정의에서 자본주의의 특징적인 성격과 모습을 추출해 보고 이를 기초로 한국 자본주의의 특징적인 모습을 찾아보는 것이다. 자본주의는 18세기 이후 서유럽에서 발전하면서 오늘날 성숙한 자본주의 사회의 발전 단계에 와 있다. 한국 자본주의는 독일의 자본주의 즉, 전후 사회적 시장경제로 발전한 독일 자본주의와 비교해 볼 수 있다. 독

1) 박우희, 이어령 ; 한국의 신자본주의 정신, 박영사, 2007년. 경제학자 박우희와 인문학자 이어령은 한국 자본주의의 정신을 전문적으로 분석하기보다는 산문 형태로 설명하고 있다. 그러나 내용이 논리적인 일관성도 없고 잡다한 종교 사상과 철학, 원시종교, 샤머니즘 등을 나열하면서 단편적으로 한국 자본주의의 정신의 뿌리를 찾아보는 데 모색을 시도하는 수준이다. 또한 박우희, 이어령은 한국 자본주의에 대해 종교사회학적으로 접근했지만 학술적으로 볼 때 매우 산만한 내용으로 가득 차 있다. 한국인들 생활 속에 남아 있는 전통은 대부분 유교적인 것이다. 이는 유교를 종교로 생각하는 사람은 0.5 퍼센트에 불과하지만, 유교적인 생활방식과 윤리에 따르는 사람은 94.5 퍼센트에 이른다는 조사에서도 잘 드러난다. [고영진 : 관혼상제, 어떻게 변했나, P. 270. 우리는 지난 100년 동안 어떻게 살았을까 1 : 역사비평사]

일 자본주의는 한국 자본주의와 비교하는 데 좋은 참고가 될 수 있다. 그 이유는 독일 자본주의가 제2차 세계대전에 의해 붕괴된 이후 동서독으로 분할된 처지에서 다시 재출발한 점과 한국경제도 전후 남북으로 분할되고 한국동란으로 완전히 붕괴된 점에서 유사한 공통점을 갖고 있기 때문이다. 또한 전쟁으로 붕괴된 자본축적 상태에서 급속히 성장한 점에서도 비슷한 일면이 있다. 이러한 측면에서 보면 한국 자본주의 경제는 일본 자본주의 경제와도 비교될 수 있다. 그러나 여기서는 이들 자본주의 국가들과 비교 분석하는 것도 생략하고 있다.

차 | 례 |

[머리말]

1. 자본주의의 개념과 특성

자본주의(資本主義 / 영어 ; Capitalism / 독일어 ; Kapitalismus)는 자본축적(資本蓄積) 과정의 역사라고 압축해 말할 수 있다. 이러한 자본축적 과정은 생산설비(生産設備)와 원료 및 노동력(勞動力) 등을 포함한 자본축적 과정의 역사에서 뿐만 아니라, 물적 인적 자원의 배분과정 속에서 경제 질서가 형성되었다. 독일어 사전에서 본 자본주의는 가계, 시설물, 공장, 자금 등과 같은 자본(資本)의 요소가 노동, 토지 등과 같은 경제요소보다 압도적으로 지배적 기능을 담당하는 사회질서로 정의한다. 이런 자본주의는 생산시설자본과 화폐자본이 지배하는 경제사회를 자본주의 사회체제로 정의한다. 자본은 시설자본과 화폐자본을 포괄한 자본이며 노동자본과 부동산 자본과 구별한다. 일반적으로 자본주의 사회는 생산시설자본과 화폐자본 뿐만 아니라 부동산 자본까지 자본에 포함하고 있는 것으로 정의하며 노동자본과 대칭적으로 구별한다.

자본주의 경제사회는 사유재산의 자유로운 처분을 보호하는 제도적인 장치를 전제하고 이 토대 위에서 재산권이 보장된 경제사회가 자본주의체제이다. 자본주의가 존립하기 위해서는 경제주체들이 사유재산권을 자유롭게 처분할 수 있고 재산권이 보장된 사회질서이어야 한다. 이러한 자본주의 시스템은 더 나아가 시장기구와 수요공급의 자기조절에 기초한 경제체제를 포함하며 자본주의 특성상 투입자본의 지속적인 증식을 가져오는 자본 축적과 자본소유자의 합리적인 경영을 통한 지속적인 이윤을 추구하는 행위를 포함하게 된다. 지속적 합리적인 경영이란 끊임없는 추가 이윤을 추구하는 행위 다시 말해서 부단히 수익성을 추구하는 경영 행위이다.

우리는 여기서 자본주의의 속성과 구체적인 특징을 볼 수 있다. 자본주의는 사유재산권의 보장과 처분이 보장되고 자유로운 사회질서체제의 특징을 가진다. 또한 자본주의는 시장의 가격기구와 시장수급의 자율적인 조절이 강조되고 지속적인 자본축적이 진행되는 특성을 지니고 있으며 지속적인 이윤 극대화를 추구하는 합리적인 경영이 사회적 배경을 이루고 있음을 알 수 있다. 한국어 사전의 정의에서도 비슷하게 파악되고 있다. 자본주의는 재화의 사적 소유권을 사회구성원의 양도 불가능한 권리를 인정하는 사회체제로 정의하며 생산수단을 소유한 자본가들이 이익 추구를 위해 생산 활동을 하도록 보장한 사회체제이다. 자본주의는 사적 소유권을 기반으로 한 경제체제로서 재화의 사적 소유권에 대한 인정은 재화의 매매,

양도, 소비 및 이윤의 처분 등에 대한 자유로운 결정을 개인에게 일임 한다. 자본주의는 상품과 용역의 가격, 투자 등이 모두 시장경제를 통해 이루어지는 질서이다. 이런 의미에서 자본주의를 시장경제와 동격으로 취급하기도 한다. 자본주의 체제하에서는 생산수단이 사유되고 자유로운 경쟁 속에서 물질의 이기적 추구가 인정되며, 능력에 따라 배분되고 저축 투자되어 확대 재생산되는 체제로 정의한다.

자본주의 개념은 경제사적 및 시대적인 관점에서 정의하기도 한다. 이에 따르면 자본주의는 봉건주의와 중상주의 시대를 거친 후 나타난 역사적인 개념의 산물이라고 본다. 자본주의는 역사적인 관점에서 경제사회의 발전 국면과 형태에 따라 자본주의를 구분하는 과정을 통해 자본주의의 개념과 성격을 정의하고 있는 것이다. 여기서 자본주의는 시대적 단계별로 구분하여 초기자본주의, 고도자본주의, 산업자본주의, 후기자본주의로 분류하고 이것을 시대별로 자본주의의 개념을 정의하면서 성격과 특징을 분석한다. 서구경제사에서 볼 때 자본주의는 봉건주의가 종식된 이후 지배적인 사회체제로 자리 잡았다. 자본주의는 20세기에 이르러 각국이 전 세계적으로 산업화 되면서 지배적인 경제 체제로 자리 잡는다. 자본주의는 각국의 정치, 경제, 문화, 사회적 상황에 따라 다양한 방식으로 수정 발전해 오면서 사회주의와 혼합경제를 이루기도 하였고 마르크스주의와 대립하기도 하였다. 혼합경제는 흔히 자본주의와 사회주의의 계획경제적인 요소들이 섞여있는 경제라고 말한다.

오늘날 현존하는 자본주의는 다양한 유형으로 존재하고 있다. 현대 자본주의는 대부분의 국가들이 순수한 의미의 자유경쟁적인 시장경제적인 자본주의 제도를 취하지 않고 있다. 유럽에는 독일식 자본주의인 사회적 시장경제를 띤 나라들이 많다. 오늘날 서구 경제는 기본적으로 자유경쟁시장체제이지만 가격형성에 정부개입이 허용된 시장질서 체제를 취한다. 정부개입은 국가가 사회적 안정과 실업복지급여, 전국적인 집단계약법에 기초한 노동권의 인정을 부여한다. 독일의 사회적 시장경제도 기업의 사적 소유를 대전제로 기초하고 있다. 자본주의 가운데 또 다른 유형의 국가 자본주의는 생산수단의 국가 소유를 전제하는 체제이다. 기업 자본주의는 법적으로 이윤추구를 전제하는 계층적 관료적 기업이 지배하는 특징을 가진 자유 시장 또는 혼합시장의 자본주의이다. 오늘날 대부분 시장에 기초한 경제는 생산수단의 사적 소유와 공적 소유가 혼재하는 경제체제를 띠고 있다. 따라서 지구상에 존재하는 대부분의 자본주의 경제는 혼합경제로 정의하고 있는 것이다.[1)]

1) 한국 자본주의는 어떠한 모습인가? 한국 자본주의를 어떻게 정의할 것인가? 한국 자본주의의 정신은 무엇인가? 한국 자본주의는 서구 자본주의와 어떻게 다른가? 전문가들은 자본주의를 영미형 자본주의와 독일형 자본주의, 일본형 자본주의로 분류하며 이들 자본주의 체제와 특성 및 장단점이 다르다고 분석한다. 독일 및 일본형 자본주의의 발전과정에서 주목할 점은 전후 독일과 일본은 세계대전의 패전으로 완전히 빈사상태에 빠진 자본시설에서 출발했다는 것과 이미 19세기 제국주의시대 자본주의 후발국가로서 경제도약과 함께 기술혁신적인 양질의 자본축적을 했다는 사실이다. 독일과 일본은 전후 50년대 2차 대전 이전 수준과 같은 경제력을 회복하였다. 양국은 전후 급속한 경제발전을 통해 독일 및 일본 형 자본주의를 발전시켰다. 미국은 전후 최강국으로서 미국 형 자본주의를 만들었다. 이들 3국의 자본주의 시장경제는 전후 65년 동안 한국과 어떻게 다르게 발전해 왔을까? 한국의 자본주의는 어느 방향으로

오스트리아 학파, 케인스학파, 신자유주의자들에 따라 다양하게 정의되는 자본주의 개념은 역사적인 관점에서 살펴볼 수 있다. 자본주의의 개념은 18세기 고전학파에서부터 마르크스 학파, 역사학파, 자본주의 개념의 변천사를 보여주고 있다. 고전경제학파의 원조인 아담 스미스 Adam Smith(1723 ~ 1790년)는 자본주의를 정립한 최초의 인물이다. 그는 자신의 저서 국가복지론에서 자본주의의 내용과 성격 및 특징에 대해 설명한 학자로서 역사상 가장 큰 족적을 남겼다. 아담 스미스는 자기효용을 만족시키는 것이 바로 복지를 증대시키는 것이며 자기효용을 최대로 만족시키는 것이 정당한 분배를 가져올 수 있는 중요한 원동력이라고 보았다. 또한 그는 윤리적인 감정이론의 저서에서 시장의 자기규율은 균형가격을 통해 사회적인 신뢰를 증진시킬 수 있다고 보았다. 아담 스미스는 새로운 기술 투입을 위한 자금을 조달하기 위해 자본의 축적 과정은 필요한 것으로 보았다. 우리는 1800년 이전에 쓴 아담 스미스의 저서에서 자본주의는 시장의 자기규율과 자기조절 능력을 가지고 있고 이와 같은 자동조절능력은 국민들 개개인의 신뢰를 증진시킬 수 있다고 보았으며 이를 통해 사회 전체의 복지도 증진시킬 수 있는 최상의 경제체제로 보고 있다. 이러한 작동의 원리와 원천은 개인들이 자기효용의 극대화를 추구하는 것이 대전제가 되고 있다.

흘러가야 하는가? 등의 문제에 대해 점검해 볼 때가 됐다. 자본주의는 다양한 개념들이 존재 한다 ; 무정부주의적인 자본주의 Anarco-capitalism, 금융자본주의 Financial capitalism, 신고전자본주의 Neo-capitalism, 만성 자본주의 Crony capitalism, 후기 자본주의 Late capitalism, 전후자본주의 Post-capitalism, 금융융통 자본주의 Finance capitalism, 시장경제 Market economy, 기술자본주의 Techno-capitalism, 유교자본주의 등이 있다.

칼 마르크스(1818 ~ 1883년)는 자본주의 경제체제가 가지고 있는 내재적인 속성과 작동 원리 및 생리적인 운동을 과학적으로 논증하고자 했다. 그는 생전에 출판한 자본론 제1권에서 자본주의의 특성을 자본주의적인 생산방식에서 찾았다. 자본주의인 생산방식이란 생산수단의 사적 소유에 의해 결정된 생산관계가 가장 중요한 특징이라고 보며 사적 소유에 의해 결정된 생산관계가 생산과정 속에서 자본이 임금노동자의 착취를 가능하게 만드는 시스템이라고 인식하고 있다. 자본관계는 바로 재화를 통해 중개된 사회적 인간관계 즉, 자본가와 임금노동자 간의 대립 관계를 가진다. 여기서 마르크스는 마치 자본 자체가 행동하는 주체처럼 자본이 자기 고유의 활동을 하는 것을 자본주의 사회체제의 속성으로 보았다. 칼 마르크스가 본 자본주의 경제체제는 자본주의인 생산방식이 생산수단의 사적 소유에 의해 결정된 생산관계가 가장 중요한 특징이라고 본 것이다. 자본주의인 생산방식 그 자체가 자본가(또는 기업소유자)의 끊임없는 자본축적을 촉진시키면서 지속적인 자본증식을 낳는 속성을 지니고 있기 때문에 재화생산을 통해 맺어진 사회적 인간관계 즉 자본가와 임금노동자는 불가피하게 대립관계에 설 수밖에 없다는 것이 자본주의의 내재적 속성이라고 본 것이다.[2)]

---

2) 마르크스는 고전학파의 경제학과 달리 노동과 노동력을 분명하게 구별하고 있다. 자본주의 시장경제에서 임금노동자들은 노동력을 상품처럼 판매한다고 본다. 노동력의 상품가치 즉 상품으로서의 노동력가치는 노동자의 노동력을 보존하고 유지하기 위해 요구되는 필요노동시간에 의해 결정된다고 본다. 마르크스는 여기서 노동력의 가치를 잉여가치와 연결시킨다. 잉여가치가 발생하는 것은 노동자들이 자신의 노동력을 재생산하기 위해 요구되는 필요 노동시간보다 더 많이 일하는 노동시간 소위 지불되지

1850년대 여러 제후국으로 분할돼 있던 독일에서 발흥한 역사학파는 고전학파의 국민경제학과 합리주의에 기초한 경제법칙을 거부하고 역사적 발전법칙을 통해 자본주의를 인식하고자 했다. 역사학파는 고전학파 국민경제학의 일반법칙은 자본주의 경제체제에만 타당할 수 있는 법칙이라고 비판한다.[3] 이런 비판의 입장에 선 대표적인 경제학자들로는 로쉬 Wilhelm Roscher(1817 ~ 1894년), 힐데브란트 Bruno Hildebrand(1812 ~ 1873년), 쉬몰러 Gustav von Schmoller (1838 ~ 1917년) 등이 있다. 초기 역사학파는 고전학파가 강조하는

않는 잉여노동을 잉여가치로 정의한다. 잉여가치는 지불되지 않은 잉여노동으로 창출된 가치가 자본가에게 돌아가는 부분을 잉여가치로 정의하고 있다. 다시 말해서 노동력이라는 상품가치와 총 노동시간으로 지불된 가치(새롭게 창출된 가치) 사이에 차이가 발생하게 되는데 이 차이를 잉여가치(잉여노동과 같은 의미)의 개념으로 규정한 것이다.

3) 역사학파는 1850 ~ 1950년 기간 동안 독일어 권역의 사회과학분야에서 풍미했던 학파이다. 대표적인 후기 역사학파 Jüngere Historische Schule 학자들로는 Gustav von Schmoller(1838 ~ 1917), Karl buecher(1847 ~ 1930), 루조 브렌타노(1844 ~ 1931)가 있다. 그들은 고전학파 경제학의 기초를 이루는 개인주의적인 접근방법의 비판에서 출발한다(Smith - Ricardo - Mill). 역사학파는 고전학파가 금과옥조로 여기는 개인의 욕망과 자발적인 의지에 집중한 분석 방법을 비판한다. 특히 쉬몰러는 개인에 분석을 집중하는 대신 사회제도와 조직 Organen이 반영된 경험적인 공동체에 분석의 초점을 이동시키고 있다. 사회 윤리 Ethik der Gesellschaft는 개인의 효용과 관련해 생성되는 것이 아니라 공동체생활의 역사적 경험에서 생성된다면서 고도로 추상화된 개념을 가지고 분석한다. 이런 점에서 그의 분석은 연역적 방법 deduktiven Methode과 대립되고 있다. 역사학파는 또한 고전학파와 달리 국가의 역할과 책임을 중요한 요소로 보고 있다. 특히 슈몰러 Gustav von Schmoller는 사회제도에 대해 집중 분석한다. 그는 고전학파가 본 인간행동의 동력으로 자기효용 Eigennutz 이외에 추가로 윤리적인 행위 및 인정에 대한 소망과 처벌에 대한 불안 그리고 법과 윤리에 젖어든 생활습관을 부가하였다. 이들 요인들이 제도화로 나타난 것이 인간행동의 동인으로 본 것이다. 경제에서 나타난 문제들은 시장경제에서 나타난 부작용들 예를 들면, 산업의 집중화과정 industrielle Konzentrationsprozesse 및 부의 불균형분배 Vermögensungleichheit 등을 들 수 있다. 역사학파는 이들 문제의 해결로 자유를 확대해 복지를 증가시키기 위해서는 시장개입이 필요하다고 주장한다.

자본주의적인 시장원리의 일반법칙은 자본주의적인 경제체제에만 타당할 수 있고 모든 사회경제체제에 타당한 일반법칙이 될 수 없다고 주장한다. 근대 역사학파에 속한 크나프 Georg Friedrich Knapp(1842 ~ 1926년)는 대기업의 출현으로 등장한 근대 자본주의를 초기 경제시대의 자본주의와 구별하고자 했다. 칼 뷰허 Karl Buecher(1847 ~ 1930년)는 자본주의를 자본에 대한 모든 경제적 관계로 정의한 경제시대로 규정했으며 좀바르트 Werner Sombart는 현대 자본주의의 제2판에서 현대 자본주의의 특징에 대해 주목했다. 리카르트 파소우 Richard Passow는 자본주의가 일반적인 경제학적 사용에 역행하고 있다고 비판 하였다. 근세 역사학파 Jüngere Historische Schule는 대기업이 출현한 시대적인 배경을 반영할 것과 자본과의 특징적인 관계 속에서 자본주의의 성격과 모습을 역사적인 관점에서 규명하고자 하였다. 후기 역사학파 Jüngste oder Dritte Historische Schule는 자본주의(資本主義)의 정신(精神) 속에서 자본주의의 성격과 특징을 찾으려고 하였고 자본주의를 사회학적으로 탐구하고자 하였다. 좀바르트는 자본주의의 정신이 이윤획득의 원칙, 합리성, 개인주의로 체화되는 것으로 보고 자본주의를 발전을 단계별로 초기자본주의, 고도자본주의, 후기자본주의로 구분하였다. 그는 후기자본주의 단계에서 국가개입이 점진적으로 늘어나는 사회 현상을 보았다. 그는 자본주의 경제체제의 발전과정에서 나타난 국가개입 현상을 자본주의의 중요한 발전법칙의 첫 징조로 본 것이다.[4]

슘페터 Joseph Alois Schumpeter(1883 ~ 1950)는 사회체제의 발전 과정에서 나타나는 창조적 파괴를 후기자본주의의 중요한 속성으로 보았다. 슘페터는 자신의 저서 자본주의이론에서 개발한 창조적 파괴(creative destruction)를 후기자본주의에서 발생한 중요한 요인으로 보았다. 그는 기술발달을 통한 창조적 파괴(creative destruction)를 통해 경제가 얼마나 역동적으로 적응해 나가는지를 설명하였다. 슘페터는 자본주의의 역동성을 가져오는 가장 큰 요인으로 창조적 혁신을 주창했으며, 특히 경제발전 과정에서 기업가의 창조적 파괴 행위를 강조하였다. 이윤은 기업가의 혁신에서 발생되는 것이다. 이윤은 혁신적인 기업가의 창조적 파괴행위로 인한 생산요소의 새로운 결합에서 파생되며, 이윤이란 바로 창조적 파괴행위를 성공적으로 이끈 기업가의 정당한 노력의 대가이다. 이후 다른 기업인에 의해 이것이 모방되면서 자연스럽게 이윤이 소멸되고, 새로운 혁신적 기업가의 출현으로 다시 사회적 이윤이 생성된다고 본다. 다시 말해 기술혁신으로서 낡은 것을 파괴, 도태시키고 새로운 것을 창조하고 변혁을 일으키는 '창조적 파괴' 과정이 자본주의 시장경제의 원동력이라는 것이다.

---

4) 후기자본주의 Spätkapitalismuss는 경제사와 사회사의 초기자본주의와 같은 개념에서 분류되어 나온 표현으로 좀바르트 Werner Sombart가 사용했다. 레닌은 세계 제1차 대전 일어나기 전까지의 자본주의 시대의 특징을 후기 자본주의의 전형으로 보았다. 그는 당시 지배한 서구의 후기자본주의 성격을 제국주의로 규정하였다. 당시에 나타난 후기자본주의 경제사회는 고정자본의 단기화 verkürzte Umschlagzeit des fixen Kapitals, 경제계획화의 필연적인 출현, 불가피한 임금지도, 제3기술 혁신의 기초가 되는 영구적 신기술 permanenten technologischen Erneuerung 추구, 지속적인 인플레이션 특히 신용 인플레이션Kreditgeldinflation, 식민주의를 통한 빈곤국가의 지배 양상과 불균등한 교환체제와 그의 대립으로 인해 자본수출이 퇴장하면서 출현하는 식민주의 지배적인 독점적 초과이윤을 낳는 원천으로서의 기술지대technologische Renten로 특징을 나타내고 있다고 본 것이다.

좀바르트 Werner Sombart(1863 ~ 1941)는 경제사회구조의 시대적인 구분을 통해서 자본주의를 경제사회적 측면에서 3가지 유형으로 분류한 가운데 후기자본주의로 분류했다. 마르크스주의자 - 레닌(1870 ~ 1924)주의자들은 후기자본주의를 세계 제1차 대전 이전에 지배한 자본주의의 독점적 단계로 규정하였고 후기자본주의의 성격을 제국주의와 동일한 것으로 취급하였다. 이에 반해 에른네스트 만델 Ernest Mandel(1923 ~ 1995, 마르크스주의 경제학자)은 후기자본주의를 제2차 세계대전 이후의 자본주의의 발전단계에서 규정했다. 제2차 세계대전 이후의 경제 발전과정에서 나타난 후기 자본주의는 다음과 같은 특징적인 성격을 띤 것으로 규정하였다. 후기자본주의는 고정자본의 단축된 매매기간, 경제계획의 강제화 경향, 임금관리기준 지도, 제삼(第三)기술 혁명의 기반이 되는 지속적인 신기술 추구의 강화, 지속적인 인플레이션 경향 특히 신용인플레이션의 경향, 식민주의에서 간접적인 식민주의에로의 이행 즉, 빈곤국가의 우회적인 신식민주의 지배와 불평등 교환 기구를 통한 자본수출 강화에 의한 기술적 차액지대를 가져오는 독점적 수출이윤의 원천을 유발하는 경제사회의 성격을 띤 것으로 규정하였다.

후기 자본주의체제에 대해 하버마스 Jürgen Habermas(1929 ~)는 시장의 기능적인 틈새에 초점을 맞추었다. 국가개입은 후기자본주의의 정치적 핵심문제로 등장했다. 생산관계의 결정적인 변화는 전략적인 행동조치가 증가하고 있는 점에 있다. 이 가운데 가장 중요한 변화는 자본주의의 기능성을 유일한 실체로 보는 기업연합체와 노동단체의 목적 지향적인 연합에 있다. 사회학자요 경제학자인 막스 베버(1864 ~ 1920)는 서구 자본주의를 서양의 합리주의 정신에서 찾았고 자본주의의 작동원리를 합리주의적인 개념을 가지고 설명하고자 하였다. 베버는 마르크스주의 입장에서 보면 지금까지 발전해 온 동시대의 산업사회가 자본주의 모델과 일치한다고 출발했다. 칼 마르크스는 동시대의 산업사회가 자본주의적인 이윤획득의 동기에 의해 움직이는 사회체제이고 이런 경제사회는 사회적인 갈등이 불가피하게 발생하기 마련이라고 확신하였던 반면, 막스 베버는 모든 경제사회에 작동하는 합리성의 추구가 현대 경제생활의 결정적인 힘으로 이끌고 갈 수 있다고 본 점이다. 이들 두 사람 사이에 존재하는 현저한 시각차이를 알 수 있다. 막스 베버는 자본주의 경제사회 체제에서 행하는 모든 의사 결정은 효용 극대화와 이윤 극대화에 기초한다고 보았다. 여기서 사회적(社會的) 행위(行爲)는 합목적(合目的)인 행위를 지향한다고 보았다. 자본주의 경제사회의 사회적인 행위는 교환(交換)의 기회를 이용하는 예상 이윤에 따라 의사 결정이 이루어진다. 국가, 관료, 법률 등 제반 요소들은 발흥하는 초기자본주의가 발전하도록 돕는 중요한 요소들이다. 문화 형태에 속하는 종교는 사회적인 행위의 일부로서 합리적 생활방식을 하도록 유도하는 가장 강력한 힘이며 크게 영향을 미치는 중요한 요소이다. 막스 베버는 서유럽과 북유럽 및 미국 사회에서 자본주의가 지속적으로 발전할 수 있었던 것은 종교적인 요인. 즉, 종교 개혁운동에서 찾았다. 이러한 발전적 요소는 일본에는 해당되지 않는 것으로 보았다. 대신 일본 자본주의 사회는 사무라이 정신의 기능적인 역할이 일본 자본주의의 성격을 결정짓는 중요한 요인으로 보고 탐구하고자 했다[5]. 그러나 아더 스피트호프 Arthur Spiethoff(1873 ~ 1957)는 자본주의의 정의를 역사학파와 고전학파 및 신고전학파의 중간지점에서 접점을 찾았다.

---

5) 막스 베버 Maximilian Carl Emil Weber(1864 ~ 1920년)는 가치중립성 원칙에 기초한 사회학 이론과 개념 정립에 지대한 영향을 미쳤다. 특히 경제 사회학과 지배 사회학 및 종교사회학에 커다란 족적을 남겼다. 베버는 독일 사회학의 창설자들인 Toennies와 Simmel 등의 학자들 가운데 가장 젊은 학자였고 지배 사회학의 창설자였으며 에밀 두르크하임 Emil Durkheim과 함께 독일의 종교사회학의 창설자로 인정받고 있다. 또한 베버는 칼 마르크스 Karl Marx와 게오르그 심멜 Georg Simmel과 함께 경제사회학의 창설자이기도 하다. 베버의 주된 관심은 이미 중세 때부터 지배해 온 경제사회의 문화적 기반으로 성립한 사유럽의 전통적인 합리주의 okzidentalen Rationalismus 정신과 현상에 대해 분석했다. 그의 저술 중에서 가장 유명한 저술로는 프로테스탄트의 윤리와 자본주의 정신 Die protestantische Ethik und der Geist des Kapitalismus 이다. 이 책은 베버의 기념비적인 경제사회학 저서이다. 그가 분석한 중심 주제는 서구 자본주의 형성에서 프로테스탄트 종교가 결정적인 요소로 작용했다는 점이다. 그의 주장은 여러 학자들부터 많은 비판을 받았지만 프로테스탄트 정신 Protestantismus 과 자본주의 형성 간의 밀접한 인과관계가 존재한다고 주장했던 것이 아니라 프로테스탄트 정신이 현대 자본주의의 발생에 크게 기여했을 것이라고 설명하고 있다는 점이다. 특히 자본주의와 직업윤리 사이에 어떤 깊은 인과관계가 있을 것으로 보고 있다. 서양에서 도입된 자본주의적인 시장경제질서 제도는 한국을 지배하는 유교의 정신과 특히 해방 후 급격히 늘어난 서양종교의 영향으로 형성된 한국인들의 신흥종교 정신이 한국의 자본주의 형성 과정에서 어떠한 영향을 미쳤을까? 한국의 사회학자들은 보다 더 심층적으로 분석해야 할 것으로 보인다. 한국에도 유교나 불교 또는 서양의 기독교 등의 종교에서 울어 나온 소위 직업윤리가 존재하는 것일까? 한국 자본주의 형성과 어떤 인과관계가 존재하는 것일까? 서구사회는 기독교가 통일된 단일 종교로서 뿌리 깊이 박혀 있으며 기독교적인 요소들이 일상화되어 직간접으로 영향을 미치고 있다. 서구사회는 한국처럼 전통종교와 함께 다른 여러 종교들이 함께 공존하고 있지 않다. 기독교 사회에서 기독교의 영향을 받은 노동윤리 Arbeitsethik란 직업 활동 행위에 대한 인식과 태도로 정의한다. 막스 베버는 일찍이 노동윤리를 여러 형태로 분류하는 가운데 특히 서구 자본주의 사회에 영향력을 미치고 있는 프로테스탄트의 노동윤리에 주목했다. 베버는 프로테스탄트의 노동윤리는 노동을 의문을 제기해서는 안 되는 일종의 신성한 의무로 간주하고 있다고 해석했다. 노동은 자유시간과 함께 결정하는 생활의 중심을 이룬다. 기독교인들의 노동에 대한 인식은 철저하다. 다시 말해서 노동에 대해 기독교 문화 속에 살고 있는 서구인들은 하나님이 원하는 인생목표를 최고목표로 생각하고 가능한 한 항상 긍정적으로 인식하며 인간이면 반드시 처리하고 해야만 하는 의무로 느낀다고 보았다[Arbeitsethik; Wikipedia].

19세기 말 오스트리아 수도 빈의 칼 멩거 Carl Menger(1840 ~ 1921) 중심으로 형성된 오스트리아학파는 역사적으로 결정된 자본주의를 개념적으로 정립하는 것을 거부했다. 경제법칙은 언제 어느 곳에서든지 항상 타당한 것으로 재화부족(財貨不足)과 주관적인 인간관계에서 자본주의를 정의하고자 하였다. 오스트리아학파는 고전적인 국민경제학의 호모 외코노미쿠스 Homo oeconomicus를 비현실적으로 것으로 보고 거부하였다. 그들은 자신들이 규명하고자 하는 경제외적 목표(經濟外的 目標)를 자본주의 이론에 포함시켰다. 그들은 자본주의 경제체제의 정의와 특징을 찾는 탐색에서 국가가 간여하는 국가 개입주의를 거부했다.

미제스 Ludwig von Mises(1881 ~ 1973)는 자본주의를 논리적인 관점에서 볼 때 자본주의 사회체제에서만 유일하게 작동할 수 있는 체제로 보았다. 이유는 사회주의는 경제적인 계산이 불가능한 사회이기 때문에 기능적으로 작동이 불가능한 것으로 본 것이다. 오스트리아학파 경제학자들은 자본주의 사회의 이윤추구는 욕구를 충족시키기 위해 생산되지 않을 수 없으며 이것이 비록 생산된 재화의 가치상승을 올라갈 수밖에 없지만 이를 자본주의의 고유한 특성이라고 보지 않았다. 다시 말해서 이윤을 추구하는 자본주의적인 생산방식은 욕구를 위한 사회주의적인 생산방식과 하등의 어떠한 차이도 존재하지 않는다고 보았다. 양자 사이에 차이가 존재한다면 그것은 바로 자본주의가 의미 있는 비용계산을 통해 이윤을 합리적으로 달성하고자 하는데 차이점이 있다고 보았다. 미제스는 기업가의 이윤이란 기업인이 자신과 경쟁하는 다른 기업인보다 소비자의 미래욕구를 개선, 구상하고 여기에 맞는 자기 자본을 투입하는 과정에서 발생하는 것으로 보았다. 미제스는 독점 형성에 대해서도 부정적으로 보지 않고 긍정적으로 해석하였다. 독점이란 자유 경쟁적인 시장이 이루어진다면, 출현하기 어렵고 또한 장기간 존속할 수 없다고 보았다. 독점이 발생하는 것은 오히려 국가개입에서 발생하는 현상이라고 보았다. 오스트리아 학파의 경제학자 중 미제스와 하이에크 외에 대표적인 학자는 조셉 슘페터(1883 ~ 1950)가 있다. 슘페터는 자본주의를 기능적인 관점에서 관찰하면서 자본주의의 속성에 접근하고자 하였다. 그는 자본주의는 국가권력의 지원(支援) 아래 전체(全體)를 희생시키면서 일부이익을 관철하는 독점적인 구조가 존재하지 않는 자유로운 시장에서만 작동하는 간섭 없는 자유경쟁시장경제모델로 정의하였다. 슘페터는 자본주의라는 기계 자체가 부정적으로 작동하는 것이 아니라 오히려 긍정적으로 작동하고 있다고 진단했다. 자본주의의 활기찬 동력은 자신을 보호하고 보호받으면서 끊임없이 파괴하며 독자적으로 사회구조의 변혁을 가져오는 독점적인 자유기업의 세계로 정의했다. 그는 자본주의를 늘 새로운 것이 끊임없이 일어나는 가능한 도전적인 세계로 본 것이다. 그는 자신의 저서 "자본주의, 사회주의, 민주주의"에서 자본주의는 결국 체제경쟁에서 가장 크게 성공할 수 있는 체제라고 보았다.

케인스 Keynes는 1929년 발생한 세계경제의 위기가 바로 자본주의 체제를 붕괴시킬 수 있는 자본주의의 위기로 보았다. 이와 같이 체제를 위협하는 위기의 발생은 자유방임적인 자본주의의 기능 실패에서 자본주의 위기의 원인을 찾았다. 케인스주의자들은 국가개입 없는 자본주의 체제를 불안한 사회체제로 본 것이다. 자본주의 경제는 언젠가 장기간 계속되는 디플레이션에 직면하기 마련이며 결국 자본주의 사회체제는 사회적 긴장 관계를 유발하는 유동성함정에 빠질 수 있다고 보았다. 이처럼 자본주의 체제에서 발생하는 위기를 극복할 수 있는 처방으로는 케인스는 수요정책에서 찾았다. 수요정책은 세이의 법칙을 거부하고 있는 정책이며 그 대안으로 수요안정을 위해 규칙적인 국가개입이 필요하다는 것을 제시했다.

20세기 중엽 시카고 대학 중심으로 형성된 신자유주의 시카고학파와 대표적인 학자 밀턴 프리드먼 Milton Friedman(1912 ~ 2006)은 세계경제의 위기, 다시 말해서 세계 자본주의 체제에서 발생하는 위기는 과거의 국가개입, 다시 말해 재정정책과 금융정책 및 통화정책 등의 국가개입에 의해 일어난 부작용에서 일어난 것이라고 보았다. 이런 점에서 그는 케인스주의와 정면으로 대립된 위치에 서 있다고 볼 수 있다. 밀턴 프리드먼은 자본주의 경제사회체제는 장기적인 관점에서 볼 때 법치국가 Rechtsstaat와 민주주의로 회귀할 수 있는 체제로 보고 있으며 이러한 자본주의 체제의 내재적인 귀향성이 서구와 일부 아시아 국가에서 출현하고 있다는 것을 증명하고자 하였다. 밀턴 프리드먼의 아들 데이비드 프리드먼도 부친이 개발한 자본주의 체제를 더욱 더 확대 발전시킨 이론을 전개하면서 소위 무정부적인 자본주의 Anarcho-kapitalismus로 까지 한 걸음 더 나아갔다. 유럽의 대표적 신자유주의 학파에 속하는 발터 오이켄 Walter Eucken 중심으로 형성된 독일의 프라이부르크 학파와 발터 오이켄은 자본주의 개념의 유용성을 찾는 것은 보편타당한 질서이론적인 역사적인 시각에서 볼 때 회의적인 개념이라고 보았다. 경제사회 질서는 희소성 문제와 사회적 이해갈등을 해결하기 위해 무한정 서로 연결돼 있는 것이다. 자본주의와 사회주의는 역사적으로 볼 때 과잉 현상에 지나지 않으며 질서이론에서 볼 때 시장경제와 중앙관리경제로 회귀하는 것이다.

이제까지 살펴 본 자본주의의 개념과 특징 및 성격을 보면 시대와 학자들마다 해석이 달랐지만 핵심 내용은 다음과 같이 정리해 볼 수 있다. 자본주의 사회는 사유재산의 허용과 보장을 전제로 한 시장경제 속에서 자유로운 거래의 경쟁 질서를 통해 이루어지는 경제이다. 자본주의는 생산수단이 사유되고 자유와 경쟁 속에서 물질의 이기적 추구가 인정되며, 능력에 따라 배분되고 저축되고 투자되는 사회질서이다. 자본주의는 생산수단을 소유한 자본가들이 이익 극대화를 실현하기 위해 생산활동을 하도록 보장한 사회체제이다. 자본소유자는 끊임없는 자유경쟁을 통해 자본축적을 통한 자본증식과 자본증식을 통한 자본축적을 지속적 경쟁적으로 추구하는 속성을 가지고 있다. 서구 자본주의는 봉건주의, 중상주의 이후 발생한 다음 초기자본주의, 고도자본주의, 산업자본주의, 후기자본주의로 발전했다. 이러한 역사적 흐름을 볼 때 자본주의는 시대에 따라 개념과 성격 및 특징을 달리하는 양상을 띠고 있다.

2. 한국 자본주의의 특징적인 성격과 모습

지금까지 우리는 서구의 저명한 경제학자들이 내린 자본주의에 대한 개념과 정의, 성격, 특징 등에서 자본주의의 본질을 살펴볼 수 있었다. 그렇다면 한국의 자본주의는 어떠한 성격과 특성을 띠고 있는가를 볼 차례이다. 한국의 자본주의는 한국 땅과 역사 속에서 자생적으로 형성된 것이 아니고 서구에서 도입된 제도이다. 서구 자본주의가 도입되면서 그 동안 한국의 정치, 문화 및 경제 사회적인 풍토에서 형성된 과정에서 한국 자본주의의 특성과 성격을 찾아보아야 할 것으로 본다. 현재 한국 자본주의가 보여주고 있는 구체적인 특징적인 모습과 작동하는 내용들을 볼 것이다. 한국 자본주의 경제의 구조적 왜곡현상에서 한국 자본주의의 성격을 추출해 볼 수 있다. 해방 후 발전해 온 한국 자본주의의 발전과정에서 나타난 가장 특정적 현상은 우선 부정적인 요소들이 압도하고 있다는 점이다. 한국 자본주의는 아직도 형성과정 중이어서 과도기적인 부작용을 더 많이 노출되고 있다.

한국 자본주의의 경제는 정치적인 요인이 중요한 요소로서 영향을 받으며 발전해 왔다. 해방 후 한국의 국가시스템은 구미선진국들의 연방체제와 달리 중앙집권적인 대통령 중심 체제로 출발해 지금까지 유지돼 오고 있다. 우리나라에서 대통령과 추종세력들의 철학과 의지 그리고 그의 연고지 세력들은 경제 전반에 막강한 영향력을 행사 해 왔다. 대통령은 국가통치 기조 하에서 국가체제를 움직여 왔고 역대 대통령과 주변세력들은 한반도 내외 환경을 반영하여 경제정책을 구체화하였다. 경제정책은 내외환경 변화에 영향을 받으면서 시대상황을 반영한 산물이었다.

식민지 조선경제는 조선인의 인권과 경제생활이 유린된 가운데 빠르게 성장하며 근대화되었다. 1945년 정부수립 이후에도 한국 자본주의경제는 동남아시아국가들에 비해 빠르게 성장했다. 과거 경제성장과정에서 태평양전쟁과 정치적인 좌우 대립의 혼란 그리고 한국전쟁, 한국동란 이후 남북 대치상황은 개발 독재의 근거가 됐다. 냉전시대에 끼인 한국정부는 자본주의적인 시장경제체제의 정당성을 확고히 하기 위해 경제 발전에 부단히 노력해 왔지만 남북분단 상황은 외국인들의 한국 투자를 꺼리는 코리아 디스카운트 요소로 작용하였다. 한반도의 냉전 상황은 한국이 미국의 그늘 아래 발전과정을 밟아야 하는 배경이 되기도 하다. 우리나라 자본주의 발전과정에서 민주화의 성숙은 한국의 경제성장에 중요한 전기였다. 한국 자본주의 발전에 결정적인 전기를 이룬 정치적 사건은 이승만 대통령을 하야시킨 4.19 민주혁명, 박정희 군사독재정권을 붕괴시킨 부마민주항쟁, 전두환 독재에 저항한 5.18민주화운동, 1987년 6월 민주항쟁 등 민주주의 투쟁사가 그 획을 긋고 있다. 박정희와 전두환, 노태우는 한국 자본주의의 흐름에 군사적 폭력이라는 죄악의 씨를 뿌렸으며 인권을 유린한 가운데 국가주도의 고성장을 유도하는 동안 한국 자본주의의 왜곡을 양산했다. 높은 경제성장을 이끌어온 박정희-전두환-노태우로 이어진 32년 군부 치하도 일제 치하 36년에 버금가는 군사 독재정권이었다는 점이 한국 자본주의의 특징적인 성격이다. 박정희 군부는 18년간 장기 집권을 통해 인권을 탄압하며 고도성장 하였고 이어진 32년 군부의 장기집권의 고성장이 한국 자본주의의 파행성을 고착시켰다.[6)]

---

6) 한국 자본주의 정신과 문화, 그리고 발전과정에 대한 분석에서 짚고 넘어가야할 부분이 일제 강점기 때 조선 자본주의를 왜곡시킨 데는 일제 부역자들의 역할에 주목해야 할 것이다[서울=연합뉴스, 김연숙 기자, 2012.8.14.]. 박정희 시대의 한국 자본주의는 박정의 우상화와 신화 그리고 망령이라는 서술에서 보여주듯이 그 시대의 성격과 특징을 잘 드러내고 있다. 특히 한국 자본주의 정신과 문화의 측면에서 분석할 필요가 있다. 박정희의 신화와 망령은 내 무덤에 침을 뱉어라[조갑제 언론인은 우상화로 서술]라는 책과 네 무덤에 침을 뱉으마[진중권은 반인륜적 패륜아 서술]의 책에서 극명하게 대립된 주장을 드러낸다. 박정희 시대는 한국 근대화 형성의 역사적 전환점이었으며 그 기본 틀이 짜여 진 시대였다. 독재 권력의 주도 아래 경제개발을 최우선 목표로 삼고 시민사회와 민주주의를 억압하는 국가주의적 산업화의 수동혁명체제로 정의되는 개발독재의 시대였다[문화일보, 2003.10.30]. 한국산업화의 개발양식은 외국자본 차입자금을 통해 수출경제에 기반을 둔 자본축적 체계와 개발독재적인 조절양식의 결합으로 이루어진 것이다. 그것을 주도한 것은 국가와 재벌의 발전지배 연합으로 국가자본이 부채(=금융 특혜)형식으로 재벌에 투자돼 성과는 재벌에 귀속되었다. 진보세력은 사회주의적 친북적 성향을 띠거나 아니면 자유주의마저도 수구로 모는 편향성을 보였다. 보수주의자들은 모든 진보인사를 친북 좌파로 매도하거나 심지어 박정희 시절의 군부독재 시절처럼 좌익 용공분자로 몰았다[중앙일보, 2003.9.1]. 박정희를 추종하는 경제학자들은 지난 5000년의 역사에서 지금까지 많은 지도자들과 한국 국민들이 무지와 가난에 체념하였고 그것을 극복할 역량도 힘도 없었다고 평가한다. 이런

군부집권 하의 자본주의 시장경제는 고속성장과 함께 일제 식민지 조선 시대처럼 서민층과 소외 지역주민 등 절대다수 국민들의 소득과 부의 불평등 분배를 더욱 악화시켰다. 한국 자본주의 경제는 일제시대와 같은 암울한 탄압정치를 맛보아야 했고 그의 여파는 여전히 지역과 계층, 도농 간 극심한 불균형구조로 이어진 한국 특유의 병폐를 남겨놓았다. 이런 한국 자본주의는 해방과 함께 온 남북분단 때부터 잉태한 험난한 자본주의 실험에 들어섰다. 우선 부존자원이 남북분단으로 단절됐고 한국전쟁은 한국경제를 절대 빈곤으로 몰아넣어 절대소득수준을 낮추었다. 국내시장이 협소한 한국 자본주의 경제는 한마디로 달러벌이가 활로였다. 1960년대 박정희 군부시절, 베트남전쟁에 참전한 목적 중 하나도 달러 벌이었다. 산유국의 정정 불안은 유가 급등을 불러와 우리 경제에 그림자를 드리웠다. 이라크 자이툰 파병은 한국 기업이 이라크 석유 개발에 참여하는 데 유리하게 작용했다. 경제개발 초기 국내구매력 부족을 극복하고 달러벌이를 위해 박정희 군부는 경제개발을 시작할 때 수출지향형 산업화정책을 추구했다. 달러 절약형 수입대체산업이 최우선 순위로 착수됐다.

비판으로 박정희를 유일한 영도자로서 그의 영도력과 경제치적을 업적으로 꼽는다. 그러나 박정희 시대의 경제개발 전략은 철저한 불균형개발전략에 기초한 성장지상주의 전략이었기 때문에 과거 유물로 남아야 한다. 그의 딸 박근혜는 주장한다. 5.16은 구국혁명이었다는 평가도 조선을 개국한 이성계에 대해 정몽주와 세종대왕의 평가가 다르듯이 박정희에 대한 평가는 역사에 맡겨야 한다는 것이다. 박정희는 5000년의 가난을 물리친 유일한 인물이라는 것 한국은 1960년대 초반이 되어서야 박정희 영도력에 의해 일어설 수 있었다는 것은 역사의 평가에 맡겨야 한다고 주장한다 [박근혜 전 총재, 인터넷 뉴시스, 2007.7.22.].

1970년대 경제개발 계획은 수출주도의 성장전략으로 전환, 대대적으로 추진됐다. 수출을 통해 달러를 벌어오는 기업과 사람은 최고의 영웅 대접을 받았다. 당시 수출로 급격히 성장한 기업들은 정경유착 속에서 공정한 시장거래는 무시된 보호온실 아래 성장할 수 있었다. 수출을 많이 하고 경제성장에 기여한 기업은 최고 대접을 받았다.

〈한국의 대통령과 정치색깔〉

대통령	집권 기간	출신 지역	경제 정책 색깔
이승만 1~3대	1946 ~ 60년(14년)	황해도 평산	보수
윤보선 4대	1960 ~ 62년(2년)	충청도 아산	보수
박정희 5 ~ 9대	1963 ~ 79년(16년)	경상북도 구미	보수
최규하 10대	1979 ~ 80년(1년 미만)	강원도 원주	보수
전두환 11 ~ 12대	1980 ~ 88년(8년)	경상북도 거창	보수
노태우 13대	1988 ~ 93년(5년)	경상북도 대구	보수
김영삼 14대	1993 ~ 98년(5년)	경상남도 거제	보수
김대중 15대	1998 ~ 2003년(5년)	전라남도 신안	진보
노무현 6대	2003 ~ 2008년(5년)	경상남도 진영	진보
이명박 17대	2008 ~ 2013년(5년)	경상남도 포항	보수
박근혜 18대	2013 ~ 2017년(5년)	경상북도 대구	보수

1970년대 말 오일쇼크로 어려움을 겪을 때에도 중동 사막에서 건설업체들이 벌어온 달러는 한국 경제의 구세주였다. 고환율 유지는 수출증가를 촉진시키는 성장의 원동력이었다. 사회 변화를 가져왔다는 외환위기(1998년)도 달러 부족이 주원인이었다. 경제규모가 어느 정도 커지면서 환율의 영향력은 우리 경제와 국민생활에 크게 영향을 미치

는 중대변수가 됐다. 특히 2000년대 들어서 기러기 아빠와 해외여행 등이 많아지면서 환율은 개인가계의 경제생활에까지 깊숙이 영향을 미치는 중요한 변수로 등장했다. 최근에는 단기외채가 급증하면서 제기되는 외환보유액의 적정성 논란이 불거졌다.

지난 60년간의 지속적인 양적 경제성장과 함께 동반한 우리나라 주택보급도 무서운 속도로 그 뒤를 따랐다. 주택건설 개발로 전국적인 난개발 확산과 함께 온 지속적인 아파트단지개발 공급으로 우리나라 주택보급률은 100%를 넘어섰다. 주택건설투자는 정경유착과 동반 성장세가 유지됐고 금융부실을 키우는 중대한 변수가 됐고 지금도 여전히 잠재 폭발물이지만 그러나 경제성장이 되면 될 수록 서민들의 내 집 마련은 더욱 더 힘들어지고 있다. 재개발된 분양가는 수억 원대에 이른다. 도시근로자가 월급을 전혀 쓰지 않고 돈을 모아 82m²(25평형) 서울아파트를 구입하는 데 7년 이상이 걸린다. 내 집 마련은 서민들에겐 실현하기 어려운 꿈이다. 여기에 서민들의 높은 사교육비가 가계의 경제생활을 짓누르고 있다.

높은 경제성장으로 경제덩치는 커졌다. 그러나 의료건강, 보험, 연금 등의 보편적 복지는 선진국 수준에 비해 턱없이 부족한 채 한국 자본주의 경제는 조기에 조로화한 경제구조로 굳어졌다. 국내총생산(GDP)규모가 세계 13위권이지만 난개발이 부른 부동산 투기붐 속에서 한국인들은 주거 겸 노후 안전장치 자산으로 부동산을 마련하는데 혈안이 될 수밖에 없었다. 여기에 불로소득을 얻기 위한 부동산 투기까지 가세함으로서 부동산시장의 영향력은 경제전반에 막강한 힘을 행사하고 있다.[한국의 부동산경제, 양종기 참조]

지난날 한국 자본주의 시장경제를 이끌어 온 역대 대통령의 집권기간을 보면 박정희 - 전두환 - 노태우 군부정권이 가장 길게 통치했다. 이들의 집권 세력들은 강력한 리더십을 뒤받침 할 수 있는 가장 험악한 냉전시대의 배경을 엎고 있다. 경제적으로 가장 빈곤했고 비효율과 낭비로 뒤범벅이 된 난개발 수요가 판을 쳤다. 경제발전 수준이 낮았고 절대 가난이 지배했으며 자본축적이 미미했기에 난개발이 문제될 것이 없었으며 오직 경제성장이 최고 우선순위에서 성장을 뒤 받침하기 위해 장기적인 계획이 없는 난개발이 전부였다. 경제성장에 허기 진 시기이었기에 굶주린 배만 채울 수 있고 덩치만 키울 수 있다면 무엇이든 희생할 수 있는 사회적인 분위기였다. 군부들은 이런 시대 속에서 가장 권위주의적인 강력한 카리스마로 철권통치를 통해 국가기강을 휘어잡으며 강력한 성장 드라이브 정책을 폈다.

결과적으로 군부는 긴 세월 동안 높은 경제성장을 유지하는데 성공했다. 고성장 속에서 계층과 지역 간 균형발전과 서민계층의 소외 등은 관심 밖이었고 인권도 신경 쓰지 않으면서 높은 성장을 줄곧 달려올 수 있었다. 마치 일제 식민지 시대처럼 한반도 조선의 빈곤을 추방하고 조선의 경제성장과 근대화라면 조선인들의 계층별 지역 간 불균형과 경제생활 및 인권을 무시해도 좋았던 시절과 같다고 할 수 있는 시대를 연출했다. 경제성장을 위해서라면 모든 것이 희생됐으며 국민들은 순응할 수밖에 없었다. 한국의 자본주의는 이러한 역사적인 배경 속에서 형성돼 갔다.7)

철권통치한 박정희 군부의 유산을 이어받은 1980년대 전두환, 노태우 군부의 집권 때에도 위압적인 정치 분위기 속에서 한국 자본주의 경제는 높이 성장할 수 있었다. 연 평균 경제성장률은 전두환 군부의 집권기(1981~1987년)인 7년 동안 연 평균 8.70%로 성장했다. 노태우 군부 때의 경제성장도 8.36%로 민간정부 집권이 시작한 김영삼 7.10%, 김대중 4.38%, 노무현 4.42%를 모두 앞지르고 있다. 30년

---

7) 한국은 특히 박정희-전두환-노태우 군부 집권기간 동안 초고속 성장으로 다수 국민들이 절대 가난에서 벗어나는 최고 절정기였다. 그러나 그 고속 성장 뒤에는 후진지역 주민들을 더욱 소외시키고 빈곤으로 몰아넣는 반민족주의적 결과를 초래했다. 개발 초기 급속한 경제개발로 특정 지역주민들은 가난과 빈곤에서 빠른 속도로 벗어났지만 소외된 지역주민들은 빈곤에 허덕이는 가난이 이어졌다. **한국은 지난 40년 동안 강력한 철권통치에 의한 경제부흥에 눈이 가려 정치적 탄압이나 일부 지역의 소외시키거나 인권유린 따위는 문제 삼지 않았다. 경제성장 일변도가 낳은 사회적 비용, 비효율과 이중삼중의 낭비는 안중에도 들어오지 않았다. 그 동안 저지른 부작용에 대한 비판적 의식이 80년대 후반 들어서 싹 트며 수정의 길에 대한 필요성이 대두되었지만 때늦은 뒤였고 개선도 정치의 횡포로 지진 부진하였다. 한국 사회의 과도기는 길게 연장되어가기 일쑤였다.** 한국경제의 구조적 실상은 날로 심히 왜곡되어 갔고 단단히 고착화되었다. 한국 자본주의는 고속 경제성장과 함께 자라온 천민자본주의의 역사적 과정이라고 그 성격을 규정지울 수 있다. 경제 발전의 최고의 가치는 모든 사회 구성원의 존엄과 독립성을 보장하면서 자유와 민주적 제도를 건설하는 것이었지만 지난날 한국경제 발전양식은 절대다수의 복지 향상과 인권 함양이라는 최고 가치와는 더욱더 멀어져 갔다.

이상 장기 집권한 군부집권기간의 연 평균 경제성장 속도는 전체 민간정부 집권 기간보다 높았다[국회예산정책처, CityNews, 2008.7.1]. 지난날의 높은 경제성장 과정에서 군부가 장악한 시기에 우리나라 재벌들도 문어발 식 확장 발판을 굳혔고 급속히 성장할 수 있었다. 군부들의 통치기간 동안 대기업들도 승승장구했다. 대기업들 대부분은 특정 지역 업체들이 많은 것은 결코 우연이 아니다. 한국 자본주의 경제에 나타난 공통적인 특징은 첫째, 한국기업들이 대부분 특정지역 기업이 많이 차지하고 있다는 것 둘째, 재벌기업들은 군부 집권 기간 동안 활발하게 발흥하였다는 것 셋째, 기업인들 스스로도 군부시절이 가장 기업하기 좋은 시절이었다고 회고하는 기업인들이 있다는 것 자체가 바로 군부와 대기업 간의 긴밀한 상호관계를 엿볼 수 있는 대목이다. 이 같은 현상은 특정 지역 기업들이 오늘날 한국경제를 주름 잡고 있는 결과를 가져온 것과 무관하지 않다. 국민경제의 부(富)와 소득 그리고 자원배분이 특정 소수인과 특정 지역으로 집중되는 현상도 경제성장과 특정지역의 긴밀한 관계도 한국 자본주의 발전의 성격을 분명하게 보여주고 있는 대목이다.

그러나 **한국 자본주의 시장경제는 GDP규모가 10~13권 순위에 들어갈 만큼 성장했지만 노태우 군부의 말기 때부터 성장 탄력이 떨어지는 모습이다. 이런 현상은 민주화가 본격적으로 시작된 시대적인 배경과 왜곡된 한국 자본주의 경제의 내재적인 한계에 비롯한 것으로 보인다. 특히 2000년대 이후 계속 낮아지는 저성장현상이**

잘 증명하고 있다. 성장둔화는 대기업 중심의 획일적인 성장일변도와 노동 자본의 대량투입과 깊은 관련이 있다. 여전히 대기업의 문어발 식 덩치 확장이 계속되면서 전문화와 기술고도화가 동반하고 있지만 그의 확산 효과는 오히려 한국의 경제성장을 제약하는 요소로 등장하고 있다. 경제성장이 느려진 원인은 주식회사제도의 개선으로 주식보유가 대중화하면서 소유구조가 변화조짐을 보이고 대기업이 단기적인 실익과 이익추구에 집착한 것, 민간정부가 성장과 안정을 동시에 추구한 점, 정부가 물가안정과 민생경제를 우선시하는 정책변화도 관련 있다.

군부집권 후 민간정부의 물가관리를 보면 노무현 대통령 집권 동안 물가 상승률은 2.92%로 가장 낮았다. 역대 대통령들의 집권기간 연평균 물가 상승률은 전두환 6.09%, 노태우 7.38%, 김영삼 4.98%, 김대중 3.50% 로 끊임없이 개발수요 붐을 일으킨 시기에 물가는 가장 불안했다. 노무현 정부 때 물가 관리는 다른 대통령들보다 가장 안정됐다. 민간정부 집권기간 동안 경제성장은 크게 떨어지고 경제성장이 느려진 것은 앞서 본 요인 이외에도 한국경제가 일정 단계에 도달한 점과 국제경쟁이 치열한 점, 선진국의 경제성장이 느려진 환경적인 요인도 연관되지만 선진국 수준에 도달하지 못한 체 경제체질이 조기에 허약해져 있는 탓도 있다. 이런 연유로 한국 자본주의 시장경제는 불안한 경제를 보이며 달려가고 있는 것이다.

자본주의 경제의 발전은 국민경제에서 가장 중요한 생산주체인 주식회사제도의 발전에서 꽃 피고 있다. 주식회사는 기업공개와 함께 주식의 소유 분산을 통해 경영과 소유가 분리되고 있으며 이것이 주식시장의 발전으로 나타나고 있다. 현대 자본주의의 특징 중의 하나는 주식시장의 발전에서 찾을 수 있다. 이러한 주식시장은 거시경제 현상을 가장 예민하게 반영하고 있으며 특히 정치적인 행사인 대통령 선거와 밀접하게 움직인다는 것은 잘 알려진 이론이다. 대체로 경제가 어려워지면 국민들은 야당 후보를 선택하는 경향이 있다. 특히 주식시장은 대통령이 선출된 후 대통령 및 집권당의 국가 관리에 대해 민감하게 반응한다. 주식시장은 당선을 기대해 상승하는 측면과 국가가관에 따른 경제 상황에 짓눌려 주가 폭락 양상을 보이기도 한다.

〈대통령 선거와 주가 변동 추이〉

구분	대선 다음날 주가 및 등락	취임 당일 주가 및 등락	취임 1년 후 주가 및 등락	취임 5년 후 주가 및 등락
노태우 정부	491.47 (+4.09%)	635.1 (-3.30%)	922.44 (+45.24%)	672.81 (+5.94%)
김영삼 정부	663.31 (+0.41%)	655.61 (-2.56%)	919.76 (+40.29%)	540.89 (-17.50%)
김대중 정부	397.02 (-5.13%)	516.38 (-4.53%)	499.14 (-3.33%)	616.29 (+19.35%)
노무현 정부	709.44 (+0.03%)	592.25 (-3.90%)	866.87 (+46.28%)	1,686.45 (+184.80%)
이명박 정부	1,844.37 (-0.92%)	1,709.13 (+1.34%)	1,150 (-32.71%)	-

주) 이명박 정부는 아직 1년이 안 돼 11월 5일과 취임 당일을 비교함. 대선일은 12월 19일 전후이며, 취임일은 다음해 2월 25일 전후임.
자료 : 한국증권선물거래소 홈페이지, 매일경제신문, 2008.11.8

취임 전부터 외환위기를 겪으며 물려받았던 김대중 정부와 취임 하자마자 글로벌 금융위기에 휩싸인 이명박 정부를 제외하면 새로운 정부 출범과 함께 낙관적인 전망과 기대로 취임 후 1년 동안 주가는 40%가 넘는 상승을 보였다. 그러나 노태우 군부는 집권 후반에 접어들수록 민주화 열기로 인한 정치적 불안과, 김영삼 정부의 국가 관리 무능으로 인한 정치력 부재로 인해 주가는 무너졌다. 반면 김대중 정부와 노무현 정부는 끊임없는 이념 논쟁과 정치적 불안, 언론매체와의 대립 속에서 일어난 사회적 갈등의 고조에도 불구하고 주식시장은 꾸준한 주가 상승으로 화답했다. 이명박 정부는 집권 후 주식시장은 크게 출렁거리며 떨어졌다. 한국의 자본주의 경제는 이명박 집권 3년을 맞았지만 민주주의, 민생, 복지, 남북관계 모든 면에서 심각할 정도로 퇴보했다. 시장의 자유와 자율을 중시한 보수정부는 출범 초기부터 금융권 인사, 물가관리 등 모든 관리에 깊숙이 개입한 관치물결이 지배했다. 21세기 고도로 성숙한 선진국의 자본주의와 달리 한국의 자본주의 경제는 여전히 냉전 상황에 처해 있다. 한국과 대치한 북한은 어디서든 도와주는 데가 있으면 손을 내미는 처지이며 과거와 달리 중국을 경계하기보다는 이제 국토를 팔아야할 정도로 대 중국 의존이 심화되고 있다[뉴데일리, 2011.2.13].

3. 지하경제의 광범위한 확산

한국 자본주의 경제의 중요한 특징 중 하나는 과열경쟁 속에서 번성한 지하경제이다. 지하경제의 전형적인 유형으로는 불법 취업, 면허증 없이 행하는 노동과 영업, 건설영업, 가사행위, 위장 자영업 Scheinselbständigkeit, 부가가치세 등을 빼돌리는 영수증 없는 불법 거래, 마약, 무기거래, 절도 상품, 과세 포탈하고 회피하는 밀수, 불법 수출입, 불법 외환거래 특히 외환규제와 거래제한을 피하는 외환거래 등이다. 지하경제는 조세수입을 감소시키고 보험료 수입 감소를 초래한다. 지하경제의 번성은 결국 국내총생산물(GDP) 축소시킨다.

한국의 지하경제는 1970년대 62%, 1980년대 37%, 1990년 24%, 2000년대 18%로 계속 감소하는 추세다. 2008년의 경우, 지하경제로 인해 발생한 사업소득세 탈루율은 17 ~ 23%로 탈루 규모는 22조 ~ 29조원으로 추정되며 GDP의 2.3 ~ 3.1% 수준이다[조세연구원, 한겨레신문, 2011.2.11].

그러나 우리나라의 지하경제 규모는 여전히 높은 것으로 추정한다. 최근 외국 경제학자의 조사에 의하면 GDP의 30% 이상 추정되기도 한다. 최근에 일어난 대표적인 불법 사례는 지난 2005~2009년간 유사석유제품 유통량이 3041만1012kℓ에 달하며 이로 인한 탈루세액은 6조 8695억 원이 추산된다[지식경제부, 이투데이, 2011.3.11].

한국의 지하경제 규모는 2000년 말 약 58조 7천억 원으로 GDP의 11.3%로 추정되었다. 한국의 지하경제 규모는 스위스, 오스트리아, 미국, 일본, 영국, 오스트레일리아에 비해 높으며 스페인, 그리스, 이태리보다 낮다[조선일보, 2001.4.20, LG 경제연구원]. 경제협력개발기구(OECD) 회원국에 비해 7.7%가량 높다. 우리나라는 1998년 16.6%로 미국 8.9%, 영국 13.0%, 독일 14.7%에 비해 월등히 높다.[8]

한국의 GDP 대비 지하경제 비중	
한국경제개발연구원(KDI)	14 – 19%(2000년)
LG경제연구원	11.3%(2000년)
조세연구원	20.3%(2002년)
영국 이코노미스트	38%(1999년)
현대경제연구원	21%(150조원, 2003년)

자료 : 매일경제신문, 2005. 3. 11

8) 한국 사회는 광범위하게 부정부패가 확산돼 있다. Die Korruption verbreitet sich in der ganzen Gesellschaft. Bei dem Kontakt zwischen Beamten und Unternehmer bzw. Bei dem Verhandel zwischen privaten Grossunternehmungen und kleinen Firmen werden die Korruption alltaeglich ueblich geworden. Die Korruption verzerrt die normalen Preisbildung und die Ordnung des Marktes. Die Korruption verhindert die normalen oekonomischen Leben. und verursacht die zusaetzlichen Kosten bzw. Konkurrenzverzerrung.

한국 사회에 확산된 부패는 정상가격을 부단히 왜곡시키고 고비용과 저효율을 양산한다. 이들 요인은 지속적인 경제성장을 정상적으로 펼치지 못하게 한다. 부정부패는 부단히 공정한 경쟁을 왜곡시키면서 비정상적인 경제생활을 유도하고 경제성장을 제약한다[Hans Ulrich Luther; Suedkorea, Ein Modell fuer die Dritte Welt, 1981].

4. 공공정책의 일관성 부재

한국 자본주의 경제의 중요한 특성은 국가 및 공공정책의 일관성을 처음부터 끝까지 기대할 수 없다는 점이다. 국가 및 공공정책의 일관성 부재는 경제주체들의 중장기 계획을 어렵게 함으로서 장기적인 경제발전계획을 가로 막는 치명적인 요인이 되고 있다. **정책의 일관성 부재로 장기적 계획 수립이 불가능해 대부분 기업들과 투자자들, 노동가계들을 단기적 경제 행위에 몰두하는 비합리적인 행위와 투기적인 행위를 유발하거나 유도하게 된다.**[9] 이는 경제성장의 지속적 유지와 정상적인 경제활동을 어렵게 하는 치명적인 장애 요인이 되고 있다[Hans Ulrich Luther; Suedkorea, Ein Modell fuer die Dritte Welt, 1981].

---

9) 한국 정부의 공공정책은 일관성이 없다. Es ist sehr schwer zu erwarten, dass die Wirtschaftspolitik der oeffentlichen Behoerde keine Konsistenz von Anfang bis Ende haben kann. Dies verursacht die Unsicherheit in der Wirtschaft und die Wirtschaftssubjekte koennen sich plannmaessig nicht verhalten. Man kann nicht ueber den Zukunft antizpieren und plannen. oder vielleicht hat die Plannung keine Bedeutung. Es gibt keine langfritigen Plannung bei der koreanischen Behoerde. Nach der Veroeffentlichung der Plannung oder bei der Fuehrung verwechselt man haeufig den Arbeit und Arbeitsverfahren.

5. 거시경제의 왜곡 누적

한국경제는 한 때 아시아의 네 마리 용(한국, 홍콩, 대만, 싱가포르)으로 분류되며 한강의 기적을 이루었다. 그러나 2010년대에 들어서면서 저성장에 빠져들어 세계 평균치에도 못 미친다. **2012년 이후 2016년까지 한국의 경제성장률은 전 세계 184개 국가의 평균 성장률보다 낮을 것으로 전망한다.** 한국은 우리나라 면적보다 크게 적은 도시국가들인 홍콩, 대만, 싱가포르보다 성장률이 낮다. 같은 기간 홍콩보다 0.01%~0.3%, 싱가포르보다는 0.03%~0.2% 각각 낮다. 대만의 성장률은 한국을 0.9%~1%씩 꾸준히 앞설 것으로 전망한다. 세계 평균보다 낮은 저성장 현상이 2000년대 초반 이후 고착화되고 있다. 1980년 이래 2002년까지 한국의 경제성장률은 석유파동을 겪은 1980년(-1.9%)과 외환위기가 닥친 1998년(-5.7%)을 제외하면 모두 세계 경제 성장률을 웃돌았다. 1983년에는 무려 9.4% 나 높게 나타나기도 했다. 하지만 카드대란이 터진 2003년부터 저성장이 굳어지기 시작했다. **2003년 한국의 경제성장률이 2.8%로 세계경제 성장률(3.6%)보다 0.8%**

낮았던 것을 시작으로 한국과 세계경제 성장률 격차는 2004년 -0.3%, 2005년 -0.6%, 2006년 -0.1%, 2007년 -0.3%, 2008년 -0.6% 등 6년 연속 마이너스를 기록했다. 다만 글로벌 금융위기 이후 한국 경제가 빠른 회복세를 보이면서 2009년 0.7%, 2010년 1.1% 세계경제보다 더 성장했고, 2011년에도 한국의 성장률이 0.1% 더 높을 것으로 전망한다. 물론 경제규모가 커질수록 성장률 자체는 낮아지는 경향이 있지만 다른 국가에 비해 저성장 기조가 빠르게 진행되는 것이다.

2000년대 이후 저성장이 지속되고 있는 한국 자본주의경제의 거시경제적인 특성은 소비의 안전판 기능 상실, 설비투자의 장기적인 부진, 수출 실익의 축소 양상, 소득 양극화의 심화, 한계에 부닥친 정보기술(IT) 산업, 금융시장의 불투명 거래의 악순환이 되풀이 되고 있다는 점이다. 민간소비증가율은 2003년 이래 한 번도 경제성장률을 넘어서지 못하고 있다. 한때 10%를 웃돌던 설비투자도 장기간 활기를 잃고 있다. 저축률도 해가 갈수록 떨어지고 있으며 최근에는 미국보다 낮아졌다. 수출도 전체 실적 중 21%를 차지하는 대 중국 수출이 부가가치가 낮은 원자재와 자본재에 집중돼 있다. 전적으로 수출에 의존하는 IT산업은 단가 급등락에 심하게 변동한다. 특히 단가가 급락하면 산업동력을 상실하는 불안정성을 보이고 있다. **가계부채의 증가와 고용창출의 정체 및 지속적인 고실업이 가계부채의 해소와 소비의 자생적 회복을 어렵게 하고 있다.** 2000년대 이후 고용 증가폭이 다른 나라보다 빨리 떨어졌다. 국민경제는 고용 없는 성장이 고착화됐다. **우리나라의 고용율 증가폭은 OECD 평균보다 낮고 대부분 회원국보다 낮다. 2007년 우리나라는 5% 성장에서 고용율은 63.9%이다. 2006년 63. 8%에 비해 0.1% 상승하는데 그쳤다. 추가 고용은 사실상 정체 상태에 빠져 있다.** 우리경제가 1% 성장하면 5만7천~6만9만천개의 일자리가 창출된다면 경제가 5% 성장할 때 일자리는 28만~35만개 가량이 늘어나야 한다. **그러나 지금까지 지탱해 왔던 경제성장=일자리 창출의 공식이 무너지고 있다. 경제 성장률이 비슷한 국가 간에도 경제성장에 따른 고용 성과는 상이하였다. 우리나라는 제조업의 고용이 계속 감소하는 반면 서비스업의 일자리가 크게 늘지 않아 일자리가 증가하지 못하고 있다.**

한국경제는 2000년대 이후 투자가 늘어나더라도 고용이 늘지 않고 있다. 이것은 구미선진국과 같은 성숙경제에서 나타난 현상이기보다는 한국경제의 조로화 현상 탓이다. 기업의 신규 투자가 늘더라도 노동절약적인 투자가 이루어지는 산업구조 탓이다. 이것은 종업원 500명 이상인 대기업의 고용자 수는 1993년 211만 명에서 2005년 132만 명으로 반 가까이 줄어들었다는 것이 잘 보여주고 있다. 특히 중화학공업가 국제경쟁력을 강화 목적으로 기술혁신을 가속화하기 위해 자본집약적인 설비가 들어서면서 고용창출 효과가 감소하고 있다. 수출을 통한 경제성장의 효과는 단기에 그치며 장기적 지속적 기대를 유지하기 힘들다. 장기적으로 볼 때 부단한 기술혁신을 동반한 지속적인 투자와 안정적인 소비수요가 받쳐주어야 높은 경제성장을 유지할 수 있다. 자생적 성장 요인의 내재적 유발 장치는 생산시설, 기계 등의 물적 투자도 중요하지만 교육, 지식 등의 인적투자를 통한 인적자원의 축적이며 이것만이 장기적 지속적 성장을 유지할 수 있다. 그러나 한국의 자본주의 사회는 그러한 유인 요인을 부단히 방해하고 있다[매일경제, 2007.12].

6. 격렬한 노사대립과 고용 없는 성장

한국 자본주의경제에서 볼 수 있는 특이한 현상은 수십만 명의 종업원을 거느린 대기업들 가운데 일부 대형 대기업까지도 노동조합이 없다는 점이고 노사 간 극렬하게 대립하는 사회병리현상을 띤 점이다. 노사 간 사회적인 합의를 찾지 못하고 대립적인 투쟁풍토가 오랫동안 계속되고 있다. 이런 상황으로 기업들은 노사분쟁을 피하고 저임금을 이용하는 노동절약형 생산성 제고형 생산방식을 선택하고 있다. **한국의 대기업들은 임금수준이 낮은 해외로 이전한다. 하청관계에 있는 중소기업들도 동반 진출한다. 이러한 공장이전은 노사합의보다는 기업소유자의 기업경영 고유 영역 침해라는 이유로 일방적으로 이루어지고 있다.** 노동절약형 생산방식을 찾는 공장이전은 경제성장속도를 늦추고 고용 없는 성장을 유발하는 요인이다. 특히 1987년 민주화운동 이후 전투적인 노동시장이 지속되면서 노사 간 지속적 갈등관계에서 시발점을 찾을 수 있다.[10)]

한국 자본주의는 노동절약형 구조로 급속히 전환되면서 과거 시스템을 보존한 노동시장은 적응실패로 급속히 악화됐다. 기업의 인력 부족이 실업수준을 추월하는 상황이 전개되고 있다. 2007년의 경우, 인력 부족은 3.23%에 달했다. 100명이 필요한 사업장이라면 3.23명을 더 고용해야 함에도 사람을 뽑지 않고 있다. 2007년 부족 인원은 전 사업장에서 25만 명에 달했다[산업연구원, 매일경제, 2008.7.30]. 구직난이 심각하면 인력부족이 해소되어야 하는데 오히려 올라가는 이상 현상이 벌어지고 있다. 기업들은 부족한 인력을 바로 충원하지 않고 있다. **구직난 속의 인력 부족 현상은 한국 경제가 사람을 필요로 하지 않는 노동절약적 구조로 이행한 탓이다. 인력이 부족하면 채용을 늘리기 보다는 아예 채용이 필요 없는 구조로 체질을 바꿔고 있는 것이다.** 특히 대기업 일자리 수는 원자재 수급 불안정과 글로벌 금융위기 등에 따른 불안 증대, 선진국의 저성장 등으로 지난 10년(1995~2005년) 동안 72만개 감소했다. 기업들이 매년 채용을 늘리지만 실상은 퇴사하는 만큼 뽑지 않아 순증은 감소한다.

---

10) 격렬한 노사대립과 노사 간 타협 부재의 사회 분위기는 특히 민주화 바람이 분 이후 계속되었다. 이런 사회 분위기를 반영하여 제조업 총취업자 수는 1990년대 초반부터 감소하기 시작한 양상으로 나타났다. 연평균 3만 명이상 취업자가 감소하였다[통계청]. 한국의 취업자 수 연평균 증가율을 보면 1990~1995년 2.45%, 1995~2000년 0.72%, 2000~2003년 1.53%, 2003~2010년 0.97%, 2010~2020년 0.45%, 2020~2030년 -0.59%로 추정되고 있다[자료: 2003년까지는 통계청, 경제활동인구연보 각 연도 참조, 2003년 이후는 한국개발연구원 문형표 박사의 추정치].

7. 성장잠재력의 지속적 정체와 하락

한국 자본주의 경제의 또 다른 특징은 1960~90년까지만 해도 매우 높은 수준을 유지했던 잠재성장능력이 2000년대 이후 지속적으로 떨어지고 있는 점이다. **치열한 국제경쟁력을 키울 수 있는 기술혁신의 미흡에서 발생한 더딘 생산성 증가와 급속히 진행되는 고령화 및 출산저하 등이 잠재성장능력을 끌어내리고 있다.** 특히 한국의 중소기업은 경제성장 과정에서 가장 많이 고용창출 효과를 발휘하고 있지만 거의 대부분 소수 대기업 그룹에 예속돼 있거나 하청관계에 있으며 기술 혁신 등에서 크게 떨어지고 있다. 이는 낮은 노동생산성과 취약한 국제경쟁력으로 이어져 성장의 발목을 잡고 있다. 임금수준별 고용에서 평균 임금 이하 하위 일자리는 2001~2007년 108만 5000개 증가했다. 그러나 중간 일자리는 22만 7000개 증가에 그쳤다[통계청]. 중간 일자리는 연평균 4만개 이하다. 증가한 일자리는 모두 중소기업에서 창출되고 있지만 낮은 임금수준의 중간 일자리가 장기간 정체되고 있다.

8. 해외수요 의존과 취약한 내수구조

한국 자본주의의 특징적인 모습은 국내총생산 대비 수출입비중이 73.5%(2007년)를 차지할 만큼 높은 해외의존성이다. 이런 한국경제는 해외경제 변화에 민감하게 변동하는 체질을 가질 수밖에 없다. **한국경제의 해외 의존도는 중국 66.3% 일본 30.5%로 아시아의 경쟁 국가들보다 지나치게 높다.** 세계 무역의존도가 350%에 이른 싱가포르 경제는 미국 발 글로벌 금융위기의 여파로 세계경기가 극도로 침체하면서 2009년 1분기 마이너스 11.5%로 급격히 추락했다. **대다수 한국의 기업들은 외부충격에 견딜만한 기초체력이 취약하다.** 한국의 대기업을 들어보자. 한국 대표기업인 삼성전자를 들자. 2009년 3분기 삼성전자의 실적은 환율효과가 없었다면 최대 영업이익이 아닌 최악의 적자였다는 것이다[강만수 국가경쟁력위원회 위원장, 아시아경제, 2009.10.13]. 2009년 우리나라 수출기업의 사상 최대 실적을 올린 것은 환율 착시 효과에 불과한 것이란 분석이다. 이는 우리경제의 현주소다.

한국경제는 해외경기의 침체 골이 깊어지면 타격이 클 수밖에 없다. 해외의존도가 높은 한국 자본주의 경제는 해외쇼크에 매우 민감하게 반응할 수밖에 없다. 따라서 한국 자본주의 경제는 외국의 경제활동에 따라 쉽게 흔들릴 수밖에 없다. 수출입은 지속적인 고도성장의 복병으로 등장한 것이다. 동시에 한국금융경제도 해외경제의 급변에 따라 변하는 해외금융의 변화에 매우 민감하게 반응한다. **한국금융이 해외사정에 따라 크게 동요하는 교란요인들이 한국의 실물경제에 끊임없이 영향을 미친다. 해외경제 변화에 예민한 경제체질로 인해 지속적인 안정 성장을 약화시킨다.** 작은 내외 쇼크라 하더라도 한국경제는 매우 민감하게 반응한다. 쇼크에 매우 민감한 경제체질에 갇혀 있는 것이다.

최근 들어서 경기 불안정이 짧아졌고 불확실성이 높아졌다. 금융기관의 주택건설대출 부실, 신용카드 부실, 부실 주택담보대출 확대 등이 중하위 계층의 채무상환 부담을 증대하면 경제 불안을 더욱 부추긴다. 높아진 불확실성은 소비 위축과 투자부진의 악순환을 일으키고 내수 정체를 가져와 중장기 성장능력을 떨어뜨린다. **한국 자본주의 경제는 거시경제의 구조적인 악순환이 반복되면서 세계경제 성장률 이하의 저성장으로 이어질 수 있는 무수한 요인들을 안고 있는 것이다.**

9. 세계적 전문기업 부재와 문어발식 기업 확장

한국 자본주의의 특징적 성격은 한국의 후진적인 기업지배구조와 문어발식 기업 확장 양식에서도 찾을 볼 수 있다. **한국 기업들은 대기업이건 중소기업이건 거의 대부분 가족기업 형태를 띠고 있다. 경영방식은 소유자 중심으로 황제경영 형태를 띠고 있다.**[11] 법제도상

11) 한국 대기업은 세계적인 전문기업이 하나도 없으면서 문어발 기업으로 집단 규모만 확장하는 모습이다. 삼성의 2010년 매출액은 250조원에 이른다. 순이익도 30조원에 가깝다. 이중 삼성전자가 매출 150조원, 영업이익 18조원에 달한다. 삼성은 2009년에는 매출 220조원, 순이익은 17조7,000억 원이었다. LG의 매출액은 2010년 141조원에 이른다. 2009년 125조원보다 11.3% 증가했다. 이중 75%는 해외에서 올린 매출이다. LG는 나아가 2011년엔 이를 156조원을 계획했다[한국일보, 2011.1.1]. 현대·기아차의 판매량은 2009년 전 세계에서 460여만 대, 2010년 전년 대비 20% 이상 늘어난 560여만 대에 이른다. 2010년 매출액은 120조원, 순이익은 10조원에 달한다. 2009년 현대·기아차의 매출은 94조6,500여억 원, 순이익은 8조4,200억 원에 달한다. SK는 2008년 그룹 매출 99조원에서 2010년 처음으로 100조원을 돌파했다. 롯데도 2010년 61조원의 매출로, 사상 최대 실적을 올렸다. 이는 2009년 47조원보다 30%나 늘어난 것이다. 포스코는 2010년 32조원의 매출 성과를 냈다. 이에 따라 삼성 현대·기아차 SK LG 롯데 등 5대 그룹의 2010년 총 매출은 거의 700조원에 육박한다. 롯데를 제외한 4대 그룹의 매출은 50~80%를 해외에서 거둬들였다. 30대그룹 계열사 추이를 보면 2005년 말 702개, 2006년 말 764개, 2007년 말 847개, 2008년 말 969개, 2009년 말 991개, 2010년 말 1,069개이다. 30대 그룹 계열사는 한 해 평균 73개씩 증가했다. 특히 주목할 점은 10대 그룹 계열사가 2005년 말 350개에서 작년 말 538개로 188개

으로는 주식회사이지만 실질적인 경영권 지배는 가족친지 중심으로 운영된다. 한국의 대표기업인 삼성전자는 국내외 최고 우량기업이고 세계적으로도 국제경쟁력을 가진 최첨단기업이며 범삼성가의 수백여 개 대기업들 중의 하나에 불과하지만 수많은 다른 대기업들처럼 혈족들이 지배하고 있다. 구미 선진국의 대기업들 특히 자산규모가 거대하고 수백 명 이상의 노동자를 거느린 대기업들은 가족 기업경영 형태를 벗어난 지 오래됐다. 삼성그룹의 한국자본주의사회에서 특별한 위치를 차지한 존재이며 삼성공화국이란 말이 잘 보여주고 있다[프레시안, 2010.3.14].

나 늘어나, 같은 기간 30대 그룹 전체 증가분의 절반이 넘는 51.2%를 차지한 점이다. 한국경제에서 재벌은 대부분 가족기업이며 많은 계열사 중 소수 기업만이 주식시장에 상장돼 있다. 한국 재벌은 친인척 가족으로 연결고리를 이룬 거대한 기업집단을 형성하고 있다. 한국 재벌그룹의 형성 시기는 세계 2차 대전과 한국전쟁 기간이 결정적인 중요한 시기이다. Aus sozialwissenschaftlicher Perspektive handelt es sich bei den Jaebol um Gruppen von Familienunternehmen, deren Kapitalanteile innerhalb der Jaebols konzentriert sind und nur selten oder nur partiell auf Aktienmärkten gehandelt werden. Da das südkoreanische Recht die Bildung von Holding- Gesellschaften verbietet, werden die Einzelunternehmen durch enge familiäre Bindungen zusammengehalten. Die Netzwerkbeziehungen innerhalb der Gründerfamilie ermöglichten zwar die Bildung weitgehend unbürokratischer, doch stattdessen autokratisch geführter Entscheidungssysteme, die eine "faktische Konzernbildung" als Kernstruktur der südkoreanischen Wirtschaft etablierten. Die gröβten Jaebeols entstanden bereits zwischen Zweitem Weltkrieg und Koreakrieg, doch erst mit der "Gründerzeit" der 60er und 70er Jahre stiegen sie zur bestimmenden Kraft der Wirtschaft Südkoreas empor[Wikipedia 참조].

〈 한국의 재벌기업의 변화 〉

재벌기업의 계열사 보유 현황 (1960년)		재벌기업의 계열사 보유 현황 (2010년)
삼성 이병철	삼성물산, 제일제당, 한국타이어, 한일은행, 조흥은행, 천일증권, 안전화재, 근로물산, 한국기계, 풍국유정, 조선양조, 동양방직, 효성물산, 삼강유지, 동양대리석, 동양텔레비, 신세계백화점	삼성계열사 71개 / 신세계계열사 13개 / CJ계열사 61개, 삼성의 위성그룹 ; 보광그룹 35개 계열사와 중앙일보
락희 구인회	반도상사, 락희화학, 락희유지공업, 금성사, 한국케이블	LG계열사 60개 / GS계열사 76개 / LS 46개
현대 정주영	현대건설, 금강스레이트, 현대시멘트	현대자동차그룹 계열사 43개 / 현대중공업계열사 21개 / 현대백화점그룹 계열사 25개 / 현대산업개발그룹 계열사 11개 / 현대그룹 계열사 12개/KCC그룹 계열사 7개 / 성우그룹 계열사 4개 / 현대해상화재 계열사 6개
화신 박흥식 삼호 정재호 개풍 이정림 대한 설경동 동양 이양구 한국초차 최태섭 극동 남궁연 판본 서갑호 금성 김상곤 삼양 김연수	김연수의 소유기업체 : 삼양사, 경성방직, 전주방직, 심양제당, 과학한천감업, 동아일보, 급속내동업, 중앙학원(고려대학교, 중앙중, 고등학교), 동아방송	롯데계열사 74개 / 두산 계열사 25개 / 동부그룹 계열사 32개 / 효성 계열사 41개 / 동양계열사 29개 / 대한전선계열사 24개 / 동국제강계열사 계열사 12개 / 웅진계열사 30개 / SK계열사 84개 / 금호아시아나계열사 45개 / 한화계열사 52개 / 한진계열사 39개 / 코오롱계열사 39개/영풍계열사 24개 / 미래에셋 25개 / OCI계열사
자료 : 조동성 1997년 재인용		자료 : 공정거래위원회 2010년

한국의 30대그룹 계열사는 5년 사이 1.5배나 급증해 1천개를 넘어섰다. 정부가 중소기업 고유 업종제도를 폐지하는 규제완화와 자유화의 붐을 탄 가운데 재벌그룹들이 사업 확장에 나선 결과다. 한국 자본주의는 경제력이 강한 대기업이 한 발 앞서 사업팽창이 쉽게 늘릴 수 있는 속성을 지내고 있으며 기존 하청업체였거나 주력사업과 무관한 업종에 무차별적으로 진출하는 재벌의 고질적인 문어발식 사업 확장의 습성이 계속 되고 있다. 30대 재벌그룹이 한국 자본주의 시장경제의 과실을 가장 많이 따 먹고 있는 것이다. 한국의 경영학자들은 그동안 황제경영 방식으로 꾸려온 족벌기업의 경영 효율성과 생산성이 높았기 때문에 수직 또는 수평 계열화를 위해 사업 포트폴리오의 확대를 가능하게 했다고 설명하면서 환경적응이론을 사용하며 더욱 덩치를 키워야 할 것이라고 주장한다. 그 결과는 총수가 있는 자산 순위 30대 그룹의 계열사를 보더라도 2010년 말 기준 계열사가 1천69개를 기록해 사상 처음으로 1천개를 넘어선 현실에서 잘 보여주고 있다[재벌닷컴, 연합뉴스, 2011.1.17].

우리나라는 30대 재벌그룹의 한국경제 지배력은 30대그룹 간 치열한 영토 확장경쟁과 정부 정책의 틈을 이용해 지속적으로 확대되었고 앞으로도 계속 확장되어 갈 것이다. 2011년 경제가 회복되는 기간에도 기업집단규모는 계속 확장됐다. 경제회복기인 2011년 11개월 기간 동안 상호출자 및 채무보증제한을 받는 51개 기업집단의 계열사가 무려 100개 증가했다. 기업집단(51개) 소속 계열사는 1364

개로 작년 4월 1264개(53개 기업집단. 이중 2개 집단은 중간에 대상에서 제외)에 비해 100개(8%) 늘었다[공정거래위원회, 매일경제, 2011.3.3]. 한국 자본주의경제의 특징적인 지표는 주식회사의 발전이고 발달된 주식회사에 길러진 전문영영인의 대량 배출 여부이다. 한국 대기업의 전문 경영인은 포춘 500대 기업을 통해 볼 때, 우물 안 개구리에서 벗어나지 못하는 인재배출을 엿볼 수 있다. 포춘 500대 기업들 중 96명이 아시아계 이사이고 한국계는 2명일뿐이다.

한국 자본주의 경제를 지배하는 30대 재벌그룹의 투자 · 고용 실적 및 계획은 수십조 원대이다. 2011년 한 해 삼성, 현대차, SK, LG 등 30대 그룹은 113조2천억 원을 투자한다. 이는 작년의 투자실적 100조8천억보다 12.2% 증가한 것이다. 30대 그룹의 투자확대에 따른 고용증대효과는 올해 신규고용 11만8천 명으로 전망한다. 지난해의 경우, 연초 계획인 7만5천 명을 넘어 10만7천 명을 고용했다. 신규고용의 증가로 올해 30대 그룹의 총 근로자수는 작년대비 5.8% 증가한 101만7천 명에 이른다. 지난해의 총 근로자수는 2009년의 90만1천 명에 비해 6.7% 늘어난 96만2천명이었다. **자산 순위 30대 그룹의 계열사는 2005~2010년 기간 동안 5년 사이 1천69개로 증가했지만 30대 그룹의 1천69개 계열사가 2011년 113조2천억 원을 투자하고 신규 고용 11만8천 명을 늘린다. 이는 계열사 한 기업 당 1,059억 원을 투자하는 셈이고 신규 고용은 한 기업 당 110명씩 채용하겠다는 계획이다.** 전체 30대 그룹 계열사의 1,2차 협력업체들을 고려해 보면 단순하게 계열사 업체당 1, 2차 협력업체수를 300개씩 잡아도 1천69개 계열사를 고려할 경우, 30대 그룹 계열사의 전체 하청업체 수는 무려 32만7백여 개 업체에 이른다. 30대 그룹 계열사의 투자 증대는 승수효과를 통해 32만7백여 개의 하청업체들이 큰 혜택을 입게 된다는 계산이 나온다. 하청업체의 고용 효과도 이 같은 방식으로 계산해 볼 수 있다. **그러나 30대 그룹의 투자 증대 및 고용 효과가 얼마나 가져올까? 지금까지의 경험으로 볼 때 그의 효과는 극히 불투명하고 미미하다.**[12)]

30대 그룹의 투자 · 고용 실적 및 계획					
구분	2009년	2010년	증가율	2011년	증가율
투자	72.1조원	100.8조원	39.9%	113.2조원	12.2%
R&D 투자	16.7조원	20.8조원	24.8%	26.3조원	26.6%
신규 고용	7.5만명	10.7만명	42.1%	11.8만명	10.2%
총근로자수	90.1만명	96.2만명	6.7%	101.7만명	5.8%

자료 : 연합뉴스, 2011.1.24, 전국경제인연합회

12) 이것은 기업별 고용 변화를 보면 대충 알 수 있다. 삼성전자는 2006년부터 2009년까지 직원 수를 8만5천명 안팎으로 묶어두다가 지난해 9만5천959명으로 1만 명가량 늘렸다. 지난해 고용 증가의 상당 부분을 삼성전자가 채운 것이다. 직원 수가 많은 현대차는 153명 늘리는 데 그쳤고, 기아차는 오히려 17명이 줄었다. 현대중공업과 한진중공업도 직원 수가 감소했다. 국내 제조업은 2003년 이후 이익이 나도 고용을 늘리지 않았던 것은 기술 집약적인 산업 특성 때문이었다.

10. 오너경영과 오너 혈족의 기업지배구조

한국 자본주의 시장경제를 주도하고 있는 대기업들은 철저하게 총수 중심으로 움직이는 경영 관행을 답습한 기업풍토를 이루고 있다. 이 같은 기업문화는 대기업의 총수 문화에 기인한다. 총수문화는 우리 기업을 최고로 만들어야 하는 총수들의 의중이 반영되면서 무리한 실적주의로 이어지는 풍토이다. 인사와 조직관리는 물론 경영전반이 이 같은 기준에서 진행되고 실적에 매달리다 보니 마구잡이식 수익내기가 관행화하고 있다. 오너가 가장 중시하는 실적이 기업 경영을 하는데 핵심요인이다 보니 당연히 다른 기업이나 중소기업의 영역과 상충되지 않을 수 없다. 총수의 실적위주 문화가 남의 희생을 유발하고 실적지상주의에 따른 중소기업 영역 침해 현상이 벌어진다. 대기업이 핵심 사업에 더해 부수사업까지 장악하려는 사례가 유행처럼 번지고 있다. 대표적인 사례는 소모성 자재구매대행(MRO) 사업이다.

실적 지상주의는 협력업체에 대한 압박으로 확산된다. 물류, 원재료 조달분야 등에서 해당 대기업의 계열사와의 거래를 선제조건으로 고집한다. 2만개 부품을 조립해 생산하는 자동차 제조업 특성상 가장 많은 협력사를 보유한 현대차그룹은 최근 일부 협력업체들에 납품단가 인하를 요구하는 등 대대적인 정책 CR(Cost Reduction)를 추진해 원성을 빚기도 했다. 해당 기업의 실적 중시 관행이 갈수록 심해지면서 적정 수준에 못 미치는 단가를 요구한다. 총수문화가 대표적으로 작용하고 있는 사례는 인사부분이다. 회사가 총수 자녀라는 이유만으로 고문이란 타이틀과 과도한 급여를 지급한다. 이처럼 경영능력이 검증되지 않은 오너 3, 4세가 주요 포스트에 기용되는 것이다. **한국 자본주의 시장경제의 성격은 대기업이 지배하는 한국형 구조로 확고히 굳히고 있고 오너경영과 오너의 압도적 기업 지배구조를 벗어나기 어려운 구조로 자리 잡고 있다. 이러한 한국 자본주의의 성격은 한국경제의 재벌의 경제력 집중과 경제 권력의 강화로 나타나고 있다**[이명박 대통령, 매일경제, 2011.5.17].

11. 중소기업의 하청과 예속

한국 자본주의 시장경제는 대기업과 중소기업의 예속관계로 굳어진 경제구조이다. 납품거래 과정에서, 대기업과 중소기업간 거래 시 가격 후려치기 등의 악습이 지속되고 있다. 중소기업은 대기업에 납품하기 위해 울며 겨자 먹기로 계약을 맺는다. 대기업의 불공정거래 관행이 국가경제에 악순환을 불러오고 있다. 신생업체는 삼성, LG, SK 등 대기업에 납품하기 위해 불공정 독점 계약을 울며 겨자 먹기로 맺으며, 그 순간부터 삼성 동물원, LG 동물원, SK 동물원에 갇히게 된다. 결국 R&D 투자 등을 하지 못한 채 죽어야만 그 동물원에서 나갈 수 있다. 이런 악순환이 반복되지만 공정거래위원회와 같은 정부 감시기능은 불능상태다.

공정위 제소는 대기업과의 거래관계를 끊는다는 각오를 해야만 가능한데 실제 제소하더라도 공정위에서 고발권을 행사하는 경우는 극히 드물다. 대기업 총수의 상생경영 역시 실천으로 이어지기 힘들다. 총수가 상생을 위해 1조원을 내놓는다고 선언해도 현업을 담당하는 팀원과 팀장, 임원이 인사고과 때문에 절대 움직이지 않는 구조에서는 상생이 불가능하다. 인사평가시스템이 바뀌지 않으면 대기업은 변하지 않는다. 이러한 풍토는 한국의 기업지배구조 및 황제경영과 깊은 연관이 있다. 소수 재벌그룹의 수천 개 계열사들이 나라 경제를 통제하고 있는 한 공정한 거래관계를 만들어가는 것이 어려운 상태다.

12. 재벌그룹의 내수 및 외수의 좌우

한국 자본주의의 시장경제는 재벌그룹 계열사들이 경기와 경제성장을 주도적으로 이끌고 있는 경제구조로 고착되었다. 대표적인 사례로 2008년 글로벌 금융위기를 극복한 경우에서도 한국경제는 현대자동차와 포스코 등 대기업이 사실상 이끌었다 해도 과언이 아니다. 현대자동차는 수출에서, 포스코는 내수 부문(증가액 순위 1위)을 주도했다. 업종별로는 화학업종과 운수장비업종이 수출경기를 주도했고 내수 증가는 화학업종과 철강금속업종이 이끌었다. 전체 수출액은 2009년보다 19.32% 증가한 241조 6305억 원, 내수액은 16.39% 늘어난 208조 7175억 원이었다. 매출액 중 수출액 비중은 53.65%였다.

13. 재벌그룹의 고용창출 능력 저조

한국 자본주의 경제는 재벌 계열사들인 대기업들이 수많은 중소기업을 먹여 살리며 이끌고 있는 형국이지만 거시적인 동반 성장 효과는 미미한 구조다. **각 산업을 대표하는 56개 선두기업이 최근 5년간 비약적인 발전을 했지만, 거시적인 동반성장 효과는 보잘 것이 없는 구조다. 다시 말해서 재벌 계열사들이 경기와 성장을 주도하지만 피부로 체감할 수 있는 경기 확산효과나 거시적인 고용효과에서는 극히 미미한 구조로 변질됐다.** 직원 1인당 순이익이 1억 원을 돌파했으며 전년보다 46.1% 급증했다. 리딩 컴퍼니의 수익성이 눈에 띄게 개선됐지만, 정부의 고환율정책 등 각종 지원책에 따른 대기업 호황의 이익이 중소기업으로 확산되는 효과는 저조했다. 정부의 일자리 창출 노력에 대기업이 동참하면서 지난해 고용 증가율 9%라는 고용효과를 걷었지만 이는 반짝 효과에 그쳤으며 5년간의 연평균 고용 증가율이 4%에 불과하다. 이러한 실적 추구는 1988년 외환위기 이후 뒤바뀐 의식변화가 10년 이상 지속된 결과에 따른 것이다. 대기업의 수익성 증대는 부채를 일으켜 성장하던 구태를 벗어던지고 구조조정으로 수익성 확보에 주력한 것이다. **고용 증대 효과를 보면 50개 기업의 직원 수는 2009년 54만1천450명에서 작년 59만316명으로 4만8천866명(9.0%) 증가했다. 2006~2010년 5년 치의 비교 가능한 44개를 기준으로 보면, 직원 수가 2006년 48만7천586명에서 지난해 56만6천904명으로 7만9천318명(16.3%) 늘었다. 연평균 증가율이 4%에 불과하다.** 2007년 1%, 2008년 5%, 2009년 1%씩 소폭 증가했으나 2010년에는 고용 폭을 대폭 늘린 것이다. 롯데쇼핑이 GS마트 합병으로 2009년 9천81명에서 지난해 2만1천983명으로 직원이 급증하는 등 일시적 요인을 고려하더라도 고용 증가폭이 커진 것은 사실이다. 이를 두고 고용 없는 성장이 굳어진 한국경제의 내재적인 성장 한계 논리를 반박할 수 있을지 모르지만 정부의 일자리 창출 노력에 대기업이 성의를 표시한 전시효과에 불과한 것이라고 본다.[13]

한국형 자본주의는 재벌 내부 계열사들끼리 일감을 몰아주며 자기 집단내부 계열사들끼리 동반 성장하는 특징을 보여주고 있다.

---

13) 이것은 기업별 고용 변화를 보면 대충 알 수 있다. 삼성전자는 2006년부터 2009년까지 직원 수를 8만5천명 안팎으로 묶어두다가 지난해 9만5천959명으로 1만 명가량 늘렸다. 지난해 고용 증가의 상당 부분을 삼성전자가 채운 것이다. 직원 수가 많은 현대차는 153명 늘리는 데 그쳤고, 기아차는 오히려 17명이 줄었다. 현대중공업과 한진중공업도 직원 수가 감소했다. 국내 제조업은 2003년 이후 이익이 나도 고용을 늘리지 않았던 것은 기술 집약적인 산업 특성 때문이었다.

대기업 계열사끼리 불법적인 물량 몰아주기가 65년 이상 반복되고 있다. 따라서 경기부침에 따라 일어나는 거시경제의 활동 변화 중 경기회복은 제약된 범위에서 그치거나 불경기는 저소득계층과 중소업체 등에 크게 영향을 미치게 돼 있다. **내부거래를 통해 회사의 이익창출 기회를 특수 관계자가 대주주인 계열사에 주거나(회사기회 유용) 사업 연관성이 없는 비상장사를 설립해 계열사의 물량을 몰아주는(지원성 거래) 등 일감 몰아주기의 형태가 다양하게 나타나고 있다. 이것은 대표적인 과세 사각지대에 속하는 전형적인 지하경제 형성을 유발하는 시장경제질서를 훼손 왜곡시키며 고용창출 효과를 제약하는 요인이 되고 있다.** 자산순위 30대그룹 중 총수 자녀가 대주주로 있는 20개 비상장사의 작년 매출은 7조4229억 원으로 이중 계열사 매출이 3조4249억 원, 46.1%에 달했다. 더구나 해당 비상장사의 실적(매출)은 5년 새 평균 3.27배로 급증했다. 29개 대기업의 지배주주 일가가 물량 몰아주기를 통해 9조9천억 여 원의 부를 증식했다. 29개 기업집단 85개 회사의 특수 관계자 190명이 계열사 지분 취득시점부터 2010년까지 물량 몰아주기 등을 통해 얻은 부의 증가액이 순자산가치 기준으로 대략 총 10조원에 달한다[이투데이,2011.6.30.].

14. 재벌의 富집중과 부의 지속적 증식 양상

국내 30대 재벌 총수 가족이 지난 1년 동안 주식시장에서 13조원 이상 벌었다. 이들의 재산증식은 보유 상장주식의 시세차익과 배당금을 합한 액수로 비상장주식을 포함하면 어마어마한 재산증식일 것으로 추정된다[재벌닷컴, 노컷뉴스, 2011.7.1]. 자산 순위 30대 재벌그룹 총수 직계 가족(혈족 1촌 이내) 118명이 보유한 상장사 주식 평가액은 6월 말 기준 약 54조원이었다. 이는 지난해 같은 시점 40조6천억 원보다 12조5천억 원(30.8%) 가량 증가한 것이다. 상장주식 배당금 약 5천억 원을 더하면 1년간 증시에서 벌어들인 돈은 13조원 가량으로 불어난다. 재벌총수 직계가족의 1인당 평균 재산증식은 약 1천110억 원이다. 네 가족은 1조원 이상 불어났다. 이처럼 재벌들의 재산축적은 다양한 방법으로 증식되고 있다.

지난 65년 이상 한국경제의 성장과 발전의 선도적인 역할은 재벌들이 이끌어 왔다. **그러나 지난 경제 성장과정이 보여준 것처럼 재**

벌의 선도적 성장을 통해 중소기업을 포함한 국민경제 전체의 선순환적 동반성장을 이끌어 낸다는 이른바 트리클 다운(trickle-down effect) 논리는 1990년대를 거치면서 현실적 유효성을 상실했다. 또한 수출 대기업의 선도적인 성장과 발전을 통한 승수 효과적으로 경기번영을 이끌고 경제성장을 유인한다는 이른바 불균형성장 이론도 무효화 되었다.

15. 낮은 소득계층의 높은 사회보험료와 높은 교육비

한국 자본주의경제의 교육수준 및 복지네트워크가 선진국 수준에 들어가기도 전에 사회보험료 지출이 사상 최고치에 도달하고 교육발전의 왜곡으로 변질됐다. 우리나라의 복지수준은 선진국의 보험네트워크에서 볼 때 한참 거리가 멀다. 2011년 들어서 저소득계층의 소득이 답보상태에 있는 동안 건강보험료, 산재보험료, 고용보험료, 노인 장기요양보험 등이 포함된 사회보험료 지출이 사상 최고치에 도달했다.

교육은 절대소득수준과 양질의 인적 자원을 결정하는 중요한 요인이며 소득창출과 GDP성장 및 직접적 장기적인 투자를 결정한다. **한국 자본주의 사회의 교육은 공교육에 맡기지 않고 대부분 민간교육시장에 의존하고 있다. 특히 고등교육은 민간인 소유 사립대학이 압도적으로 지배한다.** 이러한 교육제도가 빚어낸 결과는 높은 교육비용과 비효율적인 교육운영이다. **교육환경의 왜곡은 교육 받을 기회의 평등을 제약하고 있을 뿐만 아니라 소득지출 여력 및 수요 창출과 더 나아가서는 재산형성 기회까지 위축시키고 있다.** 대표적인 사례로 높은 교육비를 감당하기 어려운 중산층 및 저소득계층이 사용하는 학자금 대출제도는 선순환 작용보다는 악순환을 부추기고 있는 현상을 볼 수 있다. 학자금 대출제도는 2005년 도입된 제도였다. 이때부터 2011년 4월까지 학자금 원금 또는 이자를 6개월 이상 연체해 신용불량자가 된 서울 소재 4년제 대학생은 총 4천163명에 이르며 미래의 고급인력과 인재 배출에 많은 부작용을 낳고 있는 것이다.

16. 남북한의 대립이 부른 경제왜곡의 고착화

한국 자본주의 시장경제체제의 성격 규명에서 반드시 짚어야 할 것이 해방 이후 계속되고 있는 남북대립의 상황 속에서 움직이는 경제현실이다. **남북의 적대관계는 한국 자본주의의 정상적인 발전을 가로막는 장해요인이자 교란 요인이다.** 남북한의 지리적인 국토분리와 함께 온 이념적인 대립관계는 국내 정치사회적인 대립을 유발하고 있고 한국경제의 대외적인 관계와 한국 자본주의의 발전을 가로막는 중대한 장애요인이 되고 있는 것이다.[14]

14) 격렬한 노사대립과 노사 간 타협 부재의 사회 분위기는 특히 민주화 바람이 분 이후 계속되었다. 이런 사회 분위기를 반영하여 제조업 총취업자 수는 1990년대 초반부터 감소하기 시작한 양상으로 나타났다. 연평균 3만 명이상 취업자가 감소하였다[통계청]. 한국의 취업자 수 연평균 증가율을 보면 1990~1995년 2.45%, 1995~2000년 0.72%, 2000~2003년 1.53%, 2003~2010년 0.97%, 2010~2020년 0.45%, 2020~2030년 -0.59%로 추정되고 있다[자료: 2003년까지는 통계청, 경제활동인구연보 각 연도 참조, 2003년 이후는 한국개발연구원 문형표 박사의 추정치].

남북긴장은 필요 이상으로 군사비 지출비중을 높여 재정의 정상적인 활동반경을 좁히고 있고 경제전반에 걸쳐 악영향을 미치고 있을 뿐만 아니라 보유자원의 활용까지 제약하면서 지속적인 경제성장의 교란요인으로 작용하고 있는 것이다. 남북의 긴장과 대립은 공장건설의 입지 선택폭을 제약시켰으며 지역적인 편중개발을 유발하는 결과를 초래하였고 지역 간 극심한 소득격차를 가져온 요인이 되었다. 2000년대 중반까지 지속된 주택 단지와 산업단지 개발은 특정지역으로 몰리면서 끊임없는 부동산가격의 폭등 양상을 초래하였고 사회적 불안정과 불평등을 야기했으며 빈부격차를 심화시킴으로서 지속적인 경제성장의 교란 요인과 사회적인 불안 요인이 되었다.[15)]

15) Die koreanische Wirtschaftsentwicklung hat durch die Teilung des Landes und die daraus resultierenden politischen beziehungsweise militaerischen Spannung zwischen Sued-und Nord-Korea fuenfundsechszigjahrelang belastet. Der Kultur und die daraus resultiereden Wirtschaftsentwicklung des nordlichen Landes in der Naehe der Grenze zwischen den beiden Teilen wird begrenzt. Der Spielraum des Managements und der Operation bei dem Budget der Regierung wird sehr eng begrenzt. Der militaerischer Budget belastet die koreanischen Wirtschaft. deshalb die Regierung koennte den gegebenen Resourcen zur Wirtschaftsentwicklung nicht vollstaendig einsetzen[Hans Ulrich Luther; Suedkorea, Ein Modell fuer die Dritte Welt, 1981]. Die Regierung benuzt auf Grund der Bedrohung von Nord geograpisch die ungleichgewichtigen Verteilung der Fabrikkonstruktion. Daraus resultiert die unterschiedliche Wirtschaftsentwicklung zwischen Ostsgebiet und Westgebiet. Dies verursacht den grossen Kluft des Einkommens und Vermoegens zwischen Ost und West. Als Folge der langfrisitig kontinuerlich steigende Preise der Immobilien und Wohnungen verschaerfen sich der Konflikt zwischen den sozialen Schichten insbesonderes den reichen und armen Schichten. Dies fuehrt haeufig nicht nur zur sozialen und politischen Unruhe, sondern auch zur oekonomischen Unsicherheit.

최근까지도 남북 사이에 벌어진 긴장사태가 21세기 한국경제 발전에 커다란 짐이 되고 있다. 근래에 일어난 천안함 및 연평도 사태는 한국전쟁 이후 가장 위험한 긴장관계를 조성 했다. 이러한 북한의 도발은 한국의 군사력 증강으로 이어지고 때맞추어 한반도를 둘러싼 중국과 일본의 군사력 증대를 유발하고 있다. 중국 군사력은 지역적 영역을 넘어 움직이면서 미국과 일본, 러시아와 각축하는 무기경쟁 터가 되고 있다. 한반도 긴장관계는 4대 강국 및 한국의 군사력 강화와 함께 갈 길이 바쁜 한국경제에 커다란 부담이 되고 있는 것이다[영국 국제전략문제연구소 IISS, 한국경제신문, 2011.8.9].

한국경제는 남북이 정치적 경제적으로 분열돼 있고 이러한 남북분열이 이념 및 사상대립을 낳으면서 남한 지역주의적인 고질병까지 잉태시켰다. 한국의 지역주의 본산지는 경상도를 꼽고 있다[폭로전문 웹사이트 위키리크스]. 경상도의 표심은 정책에 흔들리지 않으며, 정치인들은 유권자를 대변할 동기부여가 별로 없다. 국민들은 여당 내 권력견제장치가 제대로 작동하고 있는지에 대한 믿음이 별로 없다. 권위주의 시대로 돌아갈지 모른다는 불안이 퍼져 있다. 캐슬린 스티븐스 주한 미국 대사가 2008년 12월23일과 2009년 4월22일 본국에 보고한 기밀 외교전문의 일부다[경향신문, 2011.9.8.]. 스티븐스 대사는 2008년 12월23일 영남 : 한나라당에 대한 충성심과 지역주의의 여전한 군림이라는 제목의 전문을 본국에 보고했다. 미 대사관 직원들이 이명박 대통령과 한나라당의 지지도를 측정하기 위해 영남지역을 둘러본 뒤 느낀 점이 정리돼 있다. 스티븐스는 전문에서 대구와 부산을 방문한 결과 국내정치에 지역주의가 강력한 역할을 하고 있음이 확실했다. 그는 민주당과 한나라당은 다른 이념을 발전시켜왔지만 경상도 유권자들은 정책의 차이 때문에 흔들리지 않는다고 쓰고 한국 정치인들은 지역구 유권자를 대변하는 정책을 입안할 동기가 별로 없다는 결론을 내린다.

17. 여성 가구주와 빈곤 간의 증가함수 관계

한국 자본주의 사회는 여성이 생계를 책임지는 여성 가구주가 빠르게 늘어가는 구조로 바뀌고 있다. **남성에 비해 소득이 크게 낮은 여성 가구주의 증가는 빈곤율을 상승시키는 주요 원인이다.** 2011년 남성이 가구주인 가구는 가처분 소득이 368만 원이었던데 반해 여성이 가구주인 가구는 절반에도 못 미치는 173만 원이었다. 이는 기본적으로 한국 노동시장의 남녀 임금의 심한 격차에 따른 것이다. **지난 2010년 남성의 월 평균 급여는 236만 원이었지만, 여성은 147만 원이었다. 저임금 노동자 비율도 역시 남성보다 여성이 더 많았다.**

남성 저임금자는 전체 근로자의 17.3%지만 여성의 경우 42.7%에 이른다. 우리나라는 OECD국가 가운데 저임금 노동 분야에서 남녀 격차가 가장 큰 나라다. 여성 가구주도 빠르게 늘고 있다. 젊은 여성은 독신주의를 주장하고 장년층에서는 이혼이 늘어났기 때문이다. 나아가 노년층에서는 사별 등의 이유로 여성이 가구주인 가구가 해마다 크게 늘고 있다. 2011년 말 우리나라 전체 가구 중 여성 가구주 비율은 25.9%다. 세 집 건너 한 집에서 여성이 생계를 책임지고 있다. 또 1인 가구의 여성 가구주는 220만 가구로 이미 남성 가구주를 앞질렀다.

여성의 경제력이 크게 열세인 상황에서 여성 가구주가 급증하는 것은 빈곤가구의 증가로 연결된다. 실제로 우리나라의 빈곤율은 해마다 상승하고 있다. 이는 1,2인 가구 위주의 여성 가구주가 증가하는 것과 정비례하고 있다. 이에 따라 남녀 간 소득 격차가 해소와 함께, 한 부모 가정의 육아부담을 덜어주는 등 여성 가구주에 대한 맞춤형 복지대책의 필요성도 커지고 있다[이투데이.김준형 기자. 2012.3.25./통계청 가계금융조사 결과].

18. 한국 자본주의 경제의 성장한계

자본주의는 흔히 **"자본주의 = 시장경제"와 동의어 개념으로 사용한다. 자본주의는 자본주의의 용어에서 볼 수 있듯이 "자본"의 개념이 중요한 자리를 차지하고 있다.** 자본은 넓은 의미에서 보면 인적자본과 물적 실물자본뿐만 아니라 금융자본까지 포함된다. 그러나 자본주의에서 자본은 협의의 "자본"으로 보는 것이 일반적이다. 협의의 자본은 생산자(생산주체 = 기업)나 자본가의 자본이며 자본은 노동과 대립된 개념이거나 또는 노동자본과 구별한다. **자본주의는 시장경제를 전제하고 시장경제는 자본주의를 전제한다. 자본주의 사회에서 기업은 이윤극대화를 달성하기 위해 자본축적을 부단히 추구할 수밖에 없는 속성을 가지고 있다.** 이것이 가능하기 위해서는 자유로운 경쟁시장을 전제하고 있다. 모든 경제주체들의 사적이윤 추구를 위해 모든 거래가 자유롭게 이루어지고 사적 소유가 보장된다. **이러한 자유로운 경쟁질서는 법과 제도 및 법의 집행이 보장해 준다. 불법, 부정부패 행위나 비정상적인 시장거래가 배제되는 경제사회이다.**

그러나 한국 자본주의 사회는 전쟁 이후 발전 과정에서 무수한 비리행위들이 난무하며 비정상적으로 왜곡되었다. 한국 자본주의의 가장 두드러진 특징적인 모습은 재벌그룹이 구미 선진국과 달리 커다란 영향력을 행사하고 있는 점이다. 재벌그룹이 한국경제 미치는 영향력은 막강하며 한국 자본주의 발전을 결정하는 중요한 주체로 등장한 것이다. 한국 자본주의 형성 과정에서 가장 중요한 위치를 차지한 한국기업의 문화와 풍토는 갑(甲)인 대기업과 을(乙)인 중소기업의 계약은 항상 을이 죽는다는 의미에서 을사(乙死) 조약 관계로 변질돼 있다. **한국 자본주의는 대기업의 경제논리가 압도하고 있는 시장경제이다. 우리나라는 대기업들이 경제의 전 분야를 좌지우지 하고 있다.**

지금까지 걸어온 한국 자본주의의 발전 과정에서 보여준 특성과 성격에서 확인된 것처럼 한국 자본주의 체제의 내재적인 부정적인 요인들이 낳은 결과는 지속적인 안정적 장기성장 유지를 어둡게 만들고 있는 것이다.[16] 한국경제는 2000년대 이후 경제성장의 한계를

16) 한국 자본주의 사회에서 88년 서울 올림픽 개최는 한국경제를 만방에 알리는 기폭제가 되었다. 가난한 나라라는 이미지 개선과 한국의 지리적인 존재 자체를 부각시

드러내고 있다. 한국경제는 저개발 수준에 있었던 1960년~90년대까지 아시아의 네 마리 용(한국, 홍콩, 대만, 싱가포르)으로서 높은 성장을 구가하였지만 2010년대 초반부터 세계 평균치에도 못 미치고 있다. 경제성장률이 세계 평균보다 낮은 저성장 현상이 나타나고 있다. 1980~2002년까지만 해도 한국경제는 석유파동을 겪은 1980년(-1.9%)과 외환위기 때인 1998년(-5.7%) 등을 제외하면 모두 세계경제성장률을 웃돌았다. 1983년에는 무려 9.4%나 높았지만 카드대란이 터진 2003년부터 저성장세 돌입했다. 그러나 한국경제는 2003년 세계경제 성장률(3.6%)보다 0.8% 낮은 2.8%를 시작으로 그 격차는 2004년 -0.3%, 2005년 -0.6%, 2006년 -0.1%, 2007년 -0.3%, 2008년 -0.6% 등 6년 연속 마이너스를 기록했다. 비록 글로벌 금융위기 이후 선진국보다 빠른 회복세를 보이면서 2009년 0.7%, 2010년 1.1% 더 높이 성장했고, 2011년에는 0.1% 더 높을 것으로 전망하지만 경제규모가 커질수록 성장률이 낮아지는 경향으로 볼 때 한국경제는 다른 나라들보다 빠르게 저성장궤도에 고착될 가능성이 높다. 저성장의 원인은 저출산 고령화, 투자열기의 감퇴, 저생산성과 낭비와 비효율성, 저변의 수요확충을 가로막는 낮은 복지네트워크, 지속적인 정책일관성 부족, 재벌그룹 주도의 경제성장 구조, 창의적인 교육의 부족 등이 사회 전반에 자리 잡고 있기 때문이다.

키는 커다란 힘을 발휘하였다. 그러나 최근 런던올림픽 특집 코너에서 88년 서울올림픽은 사상 최악의 개막식이었다고 평가한다[YTN, 2012.7.28./미국의 시사주간지 타임, 글렌 레비 기자].

19. 자본주의 경제의 위기와 칼 마르크스

경제위기란 경제성장이 부정적으로 변화하는 현상을 말한다. 경제위기 시 부정적으로 나타나는 현상으로는 물가, 고용량, 자본흐름 등의 거시변수들의 부정적인 모습을 말한다. **경제위기 시에는 거시변수들의 부정적인 증상이 복합적 또는 부분적으로 나타난다. 경제 위기는 일반적으로 자본주의경제의 순환 활동에서 일어나는 경제활동의 축소 과정이 급속하게 진행하는 모습을 띤다.**

경제순환 과정 즉 경기변동은 정체, 후퇴, 침체 등 세 가지 국면으로 나눈다. 정체는 국민경제가 더 이상 성장하지 않고 총생산량이 정체되는 현상을 의미한다. 이러한 정체 현상을 경제위기로 볼 수 있는가는 논란이 분분하다. 경기 후퇴는 회복, 번영, 불경기의 순환국면에서 번영의 정점에서 경기 후퇴기로 접어드는 국면을 의미한다. 경제 침체는 경기후퇴기를 거쳐 불경기의 밑바닥으로 급락하는 현상이다. 경제호황에서 급속히 쪼그라드는 국면이 침체이다. 이와 같은 경기후퇴 Depression 현상이 가속화하면서 장기간 지속되는 현상을 침체라고 부른다.

경제위기에 대해서는 외생이론과 내생이론이 있다. 외생이론은 균형의 안정성에 기초한 신고전학파이론으로서 외부쇼크와 경제정책의 실패가 경제위기를 초래한다고 주장한다. 예를 들면, 경제정책으로서 유동성 팽창을 가져오는 금융정책과 재량적인 정부개입정책, 자의적 자원배분정책 등이 경제위기를 일으키는 근본 요인이라고 주장한다. 내생이론은 자본주의에 내재된 구조적 특징에서 경제위기 발생의 불가피성을 설명한다. **내생이론의 대표적인 학자는 칼 마르크스의 노동가치설을 들 수 있다. 노동가치설은 자본주의 사회의 자본축적과정을 통해 장기적인 관점에서 한 나라의 부의 분배와 재생산 과정을 통해 설명한다. 자본주의 경제의 순환 변동 과정에서 내부적 모순 때문에 생산과 소비의 불균형이 필연적으로 발생한다. 즉 과잉 생산에 의하여 경제위기는 필연적으로 발생한다는 것이다.**

자본주의 경제는 자기모순에 의해 끊임없는 경제 변동을 야기할 수밖에 없다. 자본주의 경제가 번영하는 과정에서 자본축적이 누적되고 생산량은 증대해 가지만 다른 한편에서는 수요의 핵심부분인 임금소득이 하락하여 수요와 공급의 불균형을 깨트리고 균형이 확대되면서 경제는 급격하게 축소하게 되는데 이 과정에서 경제위기가 발생한다는 것이다. 이러한 현상은 재생산 과정이 일시적으로 교란되면서 발생하는 것이다. 이 교란은 생산과 소비의 불균형은 순간적이지만 다시 균형상황으로 되돌리는 힘으로 작용한다. 마르크스는 경제위기란 한 자본주의 경제의 자본이 축적돼 가는 동안 확대 재생산 과정에 있어서 필연적으로 생기는 생산과 소비의 불균형 현상을 위기로 보며 이를 순간적이고 폭력적으로 균형을 취하기 위한 충격이라고 해석한다. 그렇다면 왜 자본주의경제는 위기를 겪어야만 하는 내부 모순의 해결로서 필연적인가. **자본주의경제에서 극대 이윤 극대화를 추구하는 자본가는 부단한 무한 경쟁에서 살아남기 위해 자본가 자신이 획득하는 잉여가치의 대부분을 축적하려는 필연적인 행동성향을 보인다.**

자본이 축적되어 가면 가변자본에 대한 불변자본의 비율은 증대한다. 즉, 자본의 유기적 구성이 고도화한다. 이런 자본축적의 유기적 구성이 고도화하면서 이윤이 저하하는 현상을 초래하기 마련이다. 자본가는 이윤율 하락을 저지할 목적으로 임금 인하를 단행한다. 자본가가 잉여가치를 축적하는 과정, 자본축적의 유기적 구성이 고도화되는 과정에서 많은 생산물이 산출되면서 공급량은 증대한다. 다른 한편에서는 자본의 유기적 구성이 고도화되면서 초래된 이윤율 하락을 저지하기 위해서 임금을 인하하게 되는데 이것은 결과적으로 유효 수요를 감퇴시킨다. 이와 같이 한편에서는 공급이 증대하는데 다른 한편에서는 수요가 감소하는 자기모순의 불균형상태에 돌발적으로 출현하면서 경제위기가 생기고 결국 파국을 맞이하게 된다. 또한 자본주의 경제는 이 위기가 발생함으로서 자기모순을 해결하게 된다. 이러한 과잉 생산으로 발생한 경제위기는 경제의 급속한 위축을 가져온다. 이 때 위기 현상으로 나타나는 구체적인 모습은 기업의 도산과 합병, 생산 축소, 물가 폭락, 임금 하락, 대량 실업, 무역 위축 등의 현상을 띤다. 이러한 현상이 장기간 계속되는 경우, 만성적 공황에 빠진다. 이렇게 출현한 과잉생산은 금융 공황과 더불어 일반 공황으로 발전한다. 자본주의 경제는 실물경제와 금융경제가 불가분의 표리관계에 있기 때문에 함께 동시에 작용하면서 대공항으로 발전한다는 것이다. 따라서 실물경제에 위기가 발생하면 거래 지불이 불능상태에 빠지고 그 영향은 즉각 경제사회 전반에 영향을 미치면서 금융위기를 동반하게 된다. 이와 같이 실물경제에서 일어난 공황은 금융경제와 복잡하게 얽혀 더욱더 확대, 심화해 갈 수 있다.

1929년에서부터 1930년대 후반까지 지속된 세계경제위기(대형 디플레이션 Great Depression)는 선진국의 자본주의 경제에 심대한 타격을 주었다. 수많은 기업도산과 대량실업 및 디플레이션이 선진국 경제를 파괴하는 부정적인 결과를 낳았다. 1973년 제1차 오일쇼크 때는 오페크 OPEC의 석유 금지 Embargo와 함께 동반한 미국의 베트남 전쟁으로 인한 국가채무 급증이 미국경제의 스태그플레이션 Stagflation을 가져왔다. 이것은 단기적으로 노동과 실업의 급증 및 사회복지지출의 폭증을 유발하였다. 1979~1980년 사이 제2차 오일쇼크 때는 극적인 물가 폭등이 발생하였다. 제2차 오일쇼크는 오일 생산량 중단, 이란과 이락 간 걸프 전쟁에 따른 불안이 고조되면서 발생하였다. 제2차 오일쇼크(1981/82년)는 제2차 대전 이후 독일경제를 가장 심대하게 강타하였다. 또한 제2차 오일쇼크는 개발도상국의 국가채무위기를 초래하는 도화선이 되었다. 다수 국가들이 채무를 조정하는 협약사태를 유발하였고 채무조정은 1990년대 중반까지 계속되었다. 이 과정에서 개발도상국은 경제정책주권을 요구하기도 하였다. 그 밖에도 자본주의 경제에 나타난 위기로는 1981년 미국 저축대부조합의 위기, 1982년 남미의 채무위기, 1990년대 북유럽의 채무위기, 1990년대 일본위기, 1997/98년 아시아 위기, 1998~2000년 아르헨티나 위기, 2000년 닷컴 거품 붕괴위기, 2007년부터 시작한 경제 금융위기, 2011/12년 유럽 재정위기 등을 들 수 있다. 경제위기는 경제 전반에 영향을 미친다. 위기에 막대한 손실을 입은 경제주체와 커다란 혜택을 입은 수혜자가 속출하면서 소득과 부의 재분배를 초래한다. 기업이 도산하며 기업의 지형을 바꾸고 대량실업을 유발하며 중산층의 붕괴 초래 등을 유발한다.

20. 자본주의의 위기와 구원의 길

자본주의의 전반적인 위기를 단적으로 나타낸 것은 1929년에 시작된 세계공황이었다. 1929년 가을 미국의 금융공황을 출발점으로 한 세계적 공황에 자본주의 경제가 빠져 들어가면서 국민경제에 대한 재정의 중요성은 결정적인 것이 되었다. 이 공황의 특징은 시장경제의 재생산과정을 자율적인 운행에 맡겨두어서는 공황의 극복은 기대할 수 없다는 점에 있었다. 자유주의 시장경제의 모순은 독점자본이 출현함으로써 드러나게 되었다. 자본이 당초에는 자유경쟁을 요구하였지만, 그 자유경쟁 속에서 대자본이 되었고, 대자본은 계속 팽창하였다. 이와 같은 팽창은 대자본에 의한 시장독점을 형성하여 자유경쟁 그 자체를 스스로 부인하는 결과를 가져왔다. 그런데 종래의 자유주의적 국민경제가 불시에 내습하는 공황을 무난히 극복하고 자동적으로 진행될 수 있었던 것은 자유경쟁에 의하여 성립되는 시장가격의 조절작용에 의한 것이었다.

그러나 독점자본의 출현으로 자유경쟁에 의한 경제의 자동조절기능이 상실되어 자본주의의 자율성은 기대할 수 없었다. 독점자본주의 발전은 자본주의의 자율성을 상실하게 하고, 또 자율성의 상실은 자유방임정책의 포기를 가져왔다.

오늘날의 자본주의 경제를 W.좀바르트에 의한 '후기자본주의(後期資本主義)', J.M.케인스에 의한 '자유방임정책의 종언(終焉)' 등을 들어 수정자본주의 경제라고도 하고, 경제의 체제 면에서 보아 혼합경제라고도 한다. 혼합경제시대를 대표하는 재정이론은 유효수요 창출을 정책목표로 하는 케인스의 피스컬 폴리시이다. 제2차 세계대전 종료 후 세계의 자본주의 경제에 있어서는 장기침체에서 탈출한다는 큰 난제 대신 인플레이션의 압력에서 벗어나는 것과 경제의 안정·부흥 등이 더욱 긴급한 관심거리였다. 이러한 시기에 피스컬 폴리시는 이 목적을 달성하기 위한 재정정책의 한 수단이 되었다. 피스컬 폴리시 또는 피스컬 시어리, 공공투자, 공채 또는 개개의 재정수단이 갖는 경기 완화적 작용을 연구하는 데 그치지 않고, 재정제도 전체 및 개개의 모든 재정수단이 갖는 경기 대책적 작용에도 주목하게 되었다. 개개의 재정수단이 갖는 이러한 작용을 비교·검토하는 연구도 점차 발전하여 갔다. 이와 같은 경향을 가진 피스컬 폴리시는 1950년대 말에 이르러 R.A.머스그레이브에 의하여 일단 총괄을 보게 되었다.

머스그레이브는 재정학이론 The Theory of Public Finance에서

후생경제학적 입장에 기초를 두고, 자본주의 경제체계를 둘러싼 난점으로서의 자원배분, 부(富)와 소득의 분배 및 조정, 경제의 안정이라는 3가지를 생각하고 이들을 추구하는 피스컬 폴리시의 체계적 학문으로서의 '재정학'을 생각하였다. 피스컬 폴리시의 재정학을 총괄한 머스그레이브의 재정학의 공적은 ① 종래의 피스컬 폴리시가 주로 부분적 · 단편적 연구에 시종한 데 반하여, 머스그레이브는 현 단계의 자본주의 경제체제가 갖는 체제적 난점 중에서 중요한 것을 총망라하여 이것을 극복하는 수단으로서의 피스컬 폴리시의 체제로서 종합적 피스컬 폴리시를 확립하였다. ② 욕망론 등 종래의 재정학이 그 기초로 사용한 중심 개념을 근대경제학으로 재검토하여 사회적 욕구(social wants), 가치욕구(merit wants), 사적 욕구(private wants)라고 하는 욕망의 유형을 확립하였다. 이들을 기초로 하는 학설을 전개함으로써 종래의 재정학과 대결하면서 피스컬 시어리적인 재정학체계를 확립하였다. ③ 경제정책 결정이론을 사회적 욕구와 가치 욕구라는 공적 욕구와 사적 욕구와의 배분에 관한 결정이론이라고 생각하였다. 이것을 그는 주로 개인적 선호에 따른 이익설적(利益說的) 관점에서 행하는 투표에 의한 민주적 의사결정의 모델을 바탕으로 재정정책의 이론을 조립하였다. 즉, 예산결정에서 재정적 · 행정적 측면 또는 절차를 이와 같은 정치적 투표형식으로 해소시켜 해명함으로써 과거의 피스컬 폴리시가 갖는 추상적이고 비현실적인 결함을 시정할 수 있는 방향을 설정하였다.

자본주의 경제는 지난 수 세기 동안 수차례 위기를 극복하며 걸어왔다. 은행위기는 1720년 베른 은행위기, 1929년의 세계경제위기, 1931년의 독일의 은행위기, 1985년의 미국 저축대부조합 위기, 1995년의 영국 베이링 은행의 파산, 2007년부터 발생한 금융위기를 꼽는다. 20세기와 21세기에 일어난 금융 공황 Banking panics와 시스템적 뱅킹위기 systemic banking crises는 다음과 같다.

(1) 20세기 자본주의의 금융위기

1907년 미국경제 침체와 은행파산 동반한 공황
1973 ~ 1975년 영국의 제2차 뱅킹위기
1986 ~ 2003년의 일본의 자산 가격 거품 붕괴
1980년대와 1990년대의 미국 저축대부위기
1990년대 핀란드 뱅킹위기 / 1990년대 스웨덴 뱅킹위기
1994년 베네수엘라 뱅킹위기 / 1997년 아시아 금융위기
1998년 장기자본 관리 붕괴 / 1998년 러시아 금융위기
1999 ~ 2002년의 아르헨티나 경제위기
1998 ~ 99년의 에콰도르 뱅킹위기

(2) 21세기 자본주의의 금융위기

2002년 우루과이 뱅킹위기 / 2000년대 후반 금융위기
2007년 미국의 비우량 저당대출 위기, 2007년 시작
2008년 영국 은행구제 패키지 / 2009년 영국 은행구제 패키지

2008 ~ 2009년 벨기에 금융위기 / 2008 ~ 2011년 아이슬랜드 금융위기
2008 ~ 2009년 러시아 금융위기 / 2008 ~ 2009년 우크라이나 금융위기
2008 ~ 2011년 스페인 금융위기 / 2008 ~ 2011년 아이랜드 금융위기

(3) 1970 ~ 2007년 기간에 일어난 자본주의 금융위기 빈도

금융위기는 1970 ~ 2007년 사이 국별 차원에서 은행위기는 124번, 통화위기는 326번, 국가채무위기는 64번 발생했다. 다음 도표는 국가별 발생 빈도수를 보여주고 있다. 도표는 국가 / 금융위기 발생 시작년도, 전체 금융비용 중 부실 대출비율(%), 금유위기 때의 최저 성장률(%), 재정비용(단위 : 10억 달러), 성장손실(%) 등으로 나타내고 있다.(자료 : Wikipedia)

국가	위기 발생년도	금융비용 중 부실대출비율	위기 때 최저성장률	재정 비용	성장 손실
Ägypten	1980	–	–	38,1	2,2
Albanien	1994	26,8	–	–	−7,2
Algerien	1990	30,0	–	6,7	−2,1
Argentinien	1980	9,0	55,1	10,8	−5,7
	1989	27,0	6,0	10,7	−7,0
	1995	17,0	2,0	7,1	−2,8
	2001	20,1	9,6	42,7	−10,9
Aserbaidschan	1995	–	–	–	−13,0
Bangladesch	1987	20,0	–	34,7	2,4
Benin	1988	80,0	17,0	1,9	−2,8
Bolivien	1986	30,0	–	0,0	−2,6
Brasilien	1990	–	–	12,2	−4,2
	1994	16,0	13,2	0,0	2,1

국가	위기 발생년도	금융비용 중 부실대출비율	위기 때 최저성장률	재정 비용	성장 손실
Bulgarien	1996	75,0	14,0	1,3	−8,0
Burkina Faso	1990	16,0	−	45,2	−0,6
Burundi	1994	25,0	−	66,3	−8,0
Chile	1981	35,6	42,9	92,4	−13,6
China	1998	20,0	18,0	36,8	7,6
Costa Rica	1994	32,0	−	1,6	0,9
Dominikanische Republik	2003	9,0	22,0	15,5	−1,9
Dschibuti	1991	−	−	22,6	−6,7
Ecuador	1982	−	−	13,6	−2,8
	1998	−	20,0	12,0	−6,3
Elfenbeinküste	1988	50,0	25,0	0,0	−1,1
El Salvador	1989	37,0	−	0,0	1,0
Finnland	1991	13,0	12,8	59,1	−6,2
Georgien	1991	33,0	−	−	−44,9
Ghana	1982	35,0	6,0	15,8	−6,9
Groß britannien	2007	−	−	−	−
Guinea	1993	45,0	−	−	4,0
Guinea−Bissau	1995	45,0	−	22,8	-27,2
Indien	1993	20,0	−	−	4,9
Indonesien	1997	32,5	56,8	67,9	−13,1
Israel	1977	−	30,0	−	1,0
Jamaika	1996	28,9	43,9	30,1	−1,2
Japan	1997	35,0	14,0	17,6	−2,0
Jordanien	1989	10,0	−	66,6	−10,7
Kamerun	1987	65,0	−	118,1	−7,9
	1995	30,0	−	0,0	3,3
Kap Verde	1993	30,0	−	0,0	6,7
Kenia	1992	−	−	23,0	−1,1

국가	위기 발생년도	금융비용 중 부실대출비율	위기 때 최저성장률	재정 비용	성장 손실
Kirgisistan	1995	85,0	-	-	-5,8
Kolumbien	1982	4,1	5,0	15,1	0,9
	1998	14,0	6,3	33,5	-4,2
Kongo	1991	-	-	81,0	-13,5
	1992	-	-	63,2	-5,5
	1994	75,0	-	0,0	-5,4
Kroatien	1998	10,5	6,9	0,0	-0,9
Kuweit	1982	40,0	-	0,0	-9,5
Lettland	1995	20,0	3,0	-	-2,1
Litauen	1995	32,2	3,1	-	1,2
Madagaskar	1988	25,0	-	0,0	-6,3
Malaysia	1997	30,0	16,4	50,0	-7,4
Mali	1987	75,0	-	5,7	-0,3
Marokko	1980	-	-	29,8	-2,8
Mauretanien	1984	70,0	15,0	0,0	2,0
Mazedonien	1993	70,0	32,0	-	-7,5
Mexiko	1981	-	-	51,3	-3,5
	1994	18,9	19,3	4,2	-6,2
Nepal	1988	29,0	-	0,0	4,3
Nicaragua	1990	50,0	-	-	-0,4
	2000	12,7	13,6	0,0	0,8
Niger	1983	50,0	-	122,7	-16,8
Nigeria	1991	77,0	-	0,4	-0,6
Norwegen	1991	16,4	2,7	0,0	2,8
Panama	1988	-	-	37,8	-13,4
Peru	1983	-	-	25,5	-9,3
Philippinen	1983	19,0	3,0	60,1	-7,3
	1997	20,0	13,2	0,0	-0,6

국가	위기 발생년도	금융비용 중 부실대출비율	위기 때 최저성장률	재정 비용	성장 손실
Polen	1992	24,0	3,5	-	2,0
Rumänien	1990	30,0	0,6	-	-12,9
Russland	1998	40,0	6,0	0,0	-5,3
Schweden	1991	13,0	3,6	30,6	-1,2
Senegal	1988	50,0	17,0	25,4	-0,7
Sierra Leone	1990	45,0	-	32,6	-9,6
Slowakei	1998	35,0	-	0,0	0,0
Slowenien	1992	-	14,6	1,0	-5,5
Sri Lanka	1989	35,0	5,0	2,2	2,3
Südkorea	1997	35,0	31,2	50,1	-6,9
Swasiland	1995	-	-	21,6	2,7
Tansania	1987	70,0	10,0	0,0	3,8
Thailand	1997	33,0	43,8	97,7	10,5
Togo	1993	-	-	27,7	-16,3
Tschad	1992	35,0	-	37,2	-2,1
Tschechische Republik	1996	18,0	6,8	-	-0,8
Türkei	2000	27,6	32,0	5,4	-5,7
Ukraine	1998	62,4	-	0,0	-1,9
Ungarn	1991	23,0	10,0	-	-11,9
Uruguay	1981	-	31,2	87,5	-9,3
	2002	36,3	20,0	28,8	11,0
USA	2007	-	-	-	-
Venezuela	1994	24,0	15,0	9,6	-2,3
Vietnam	1997	35,0	10,0	19,7	4,8
Zentral-afrikanische Republik	1995	40,0	-	1,1	-8,1

(4) 자본주의 사회의 은행위기와 통화위기 및 재정위기

1970년 이후 자본주의 시장경제에서 일어난 은행위기와 통화위기 및 재정위기는 다음과 같다. 다음 도표의 숫자는 연도별 위기발생의 빈도수를 나타내고 있다.

년도	은행 위기	통화 위기	채무 위기
1970	0	3	0
1971	0	4	0
1972	0	6	0
1973	0	1	0
1974	0	3	0
1975	0	12	0
1976	2	6	1
1977	2	3	1
1978	0	7	3
1979	0	6	2
1980	3	2	3
1981	3	45	6
1982	5	11	9
1983	7	14	10
1984	1	9	4
1985	2	9	3
1986	1	8	3
1987	6	13	0
1988	7	8	1
1989	4	8	3
1990	7	10	2
1991	10	14	0
1992	8	15	1
1993	7	3	0
1994	11	23	0
1995	13	8	0
1996	4	15	0
1997	7	15	0
1998	7	6	2
1999	0	11	2
2000	2	7	0
2001	1	5	2
2002	1	7	4
2003	1	3	1
2004	0	2	1
2005	0	2	0
2006	0	1	0
2007	2	1	0
빈도 총수	124	326	64

21. 1929년 대공황과 2008년 미국 발 금융위기

경제성장 과정에서 발생하는 1929년의 대공황이나 2008년 글로벌 금융위기와 같은 초대형 충격은 경제성장과 발전에 결정적인 영향을 미친다. 대공황은 경제 성장에 결정적인 타격을 가함으로서 생활수준과 경제적 후생을 크게 후퇴시킨다. 1929년 미국에서 시작한 대공황은 미국의 경제뿐만 아니라 세계경제에도 막대한 충격을 주었다[Roger LeRoy Miller/David VanHoose, 2001, P.708]. 대공황 전후 미국 경기의 순환을 보면 1925~29년 1920년대 경기 상향 호황, 1929년 경기 최고 극점, 1929~33년 경기 하강 위축, 1933년 경기 하강 극점, 1933~37년 경기 상향 팽창, 1937년 경기 최고 극점, 1937~38년 경기 하강 축소, 1938년 경기 하강 극점, 1938~41년 경기 상향 팽창으로 진행되었다. 대공황이후의 순 민간투자(1992년 기준 10억 달러)는 1930년 85.96, 1930년 24.48, 1931년 -26.89, 1932년 -83.34, 1933년 -80.20, 1934년 -43.51, 1935년 -6.13, 1936년 18.39, 1937년 54.20, 1938년 -9.54, 1939년 24.27, 1940년 66.89, 1941년 107.71로 상당 기간 극심한 침체에 빠졌다가 회복되는 과정을 보였다[Roger LeRoy Miller/David VanHoose, 2001, P.708]. 대공황은 대량실업과 극심한 장기침체를 가져왔을 뿐만 아니라 경제사회 전반에 걸쳐 커다란 변화를 가져왔다.

2008년 발생한 미국 발 글로벌 금융위기는 세계경제와 각국 경제는 물론 국내외 노동시장에 커다란 충격을 주었다. 미국의 경제 위기 전 취업수준을 회복하는 데 많은 시간이 필요했다. 미국은 국내 363개 대도시 지역 가운데 50개 지역은 지금부터 9년이 지난 2020년이 되어도 금융위기 이전 수준의 일자리 상황을 회복하지 못한다. 미국 내 대도시 지역 7곳 중 한 곳 이상이 고용 회복에 10년 넘게 걸린다. 이런 지역은 오하이오 주의 클리블랜드와 데이튼, 미시간 주의 디트로이트, 네바다 주의 리노, 뉴저지 주의 애틀랜틱 시티 등이 포함돼 있다. 자동차 산업으로 유명한 디트로이트의 경우 경기침체로 32만3천400개의 일자리가 사라졌으며 카지노도시로 알려진 리노는 3만6천명의 실업자가 새로 생겼다. 이 두 도시는 앞으로 10년이 지나도 예전의 일자리 수준을 회복하지 못할 것으로 전망한다.

주택시장이 침체되면서 고용상황이 악화돼 미국 전체적으로는 현재 1천390만 명의 실업자가 고통을 받고 있다. 미국이 전반적으로 금융위기 이전 수준의 일자리를 회복하려면 오는 2014년 상반기는 되어야 할 것으로 전망한다. 미국 내 대도시 지역의 일자리는 2008

년 1분기 1억1천830만개로 최고를 기록했지만 이후 침체기를 맞아 730만개의 일자리가 사라졌다. 대도시 지역의 일자리 비중은 미국 내 전체에서 86%를 차지한다. 이것은 연방정부가 뭔가 조치를 취해야 한다는 보고 있으며 연방정부는 일자리 훈련과 함께 사회간접자본에 투자하는 것이 필요하다고 본다. LA가 예전 고용상황을 회복하려면 2018년이 지나야 할 것으로 전망한다[월스트리트저널, 연합뉴스, 2011. 6.21]. 미국 발 금융위기는 얼마나 큰 충격으로 길게 영향을 미치는 것인가를 알 수 있다.

22. 2008년 vs 2011년의 경제위기 : 다른 점과 같은 점

정부는 유럽 재정위기 사태에 대해 국내 경제가 위기에 빠질 가능성은 없다고 낙관한다. 3년 전과 달라진 외화, 금융 부문 건전하기 때문이다. 총외채 대비 단기외채 비중은 2008년 9월 말 51.9%에서 2011년 3월 말 38.4%로 감소했고 외환보유액도 2008년 말 2012억 달러였던 것이 7월 말 3110억 달러다. 현재 외환보유액은 유사시 최대 유출 가능한 외국인 투자자금 규모를 상회하는 수준이다. 원화와 외화부문에서 크게 어려움을 겪었던 은행도 자금 조달과 운용 구조면에서 3년 전과 비교가 되지 않을 정도로 개선됐다.

2008년 32억 달러에 불과했던 경상수지 흑자는 2011년 7월까지 130억 달러를 넘어서고 있으며 리먼 사태 당시 134%에 이르렀던 은행예대율은 올 1분기 현재 109%로 크게 낮아졌다. 하지만 시장에서는 우리나라도 안심할 수 없다는 것이 지배적이다. 우선 환율 변동이 극심하고 빠른 등락 모습을 보인다는 점이다. 서울 외환시장에서 달러 - 원 환율은 당국의 구두개입에도 오전에만 8.6원 급등한 것이 대표적 사례다. 글로벌 헤지펀드들이 환공격을 본격화하는 상황이 연출되면 수출 등 실물경제에 타격을 가할 것이다. 여기에 가계의 기초 체력이 3년 전보다 악화됐다는 점, 저축은행 폐쇄와 같은 금융 불안의 돌출, 대선과 국회의원 선거 등의 정치적 행사에 따른 경제 불안 야기다. 2008년 9월 말 676조원이었던 가계부채 잔액은 2011년 6월 말 876조3000억 원으로 불었다. 2009년 말 기준 가처분 소득 대비 가계부채 비율은 153%로 미국(132%) 일본(130%)보다 높다.

우리나라 경제가 수출 비중이 높다는 점 역시 최근 어둡게 돌아가는 해외경제여건에 따라 심히 출렁일 수 있다. 수출이 차지하는 비중은 2011년 말 기준으로 53.4%에 달한다. 특히 주력 수출 상품인 IT, 자동차 등이 선진국 경기 변화에 민감한 품목이라는 점에서 세계 경제가 추락할 경우 타격이 크다. **수출기업이 타격을 받으면 경제 전체의 활력을 약화시킬 것이고 고용 감소와 실업 증대를 유발할 것이다. 단기 외채는 나아졌지만 유럽 발 위기가 도미노처럼 번져 갈 경우, 유럽 계 은행들이 갑작스럽게 돈을 회수하게 되면 국내 금융시장에 미칠 충격이 대단히 크고 길게 영향을 미칠 수 있다.** 무디스는 그리스 국채를 많이 보유한 소시에테제네랄, 크레디아그리콜의 신용등급을 강등하면서 이들 프랑스 은행이 국내에서 자금 회수에 나설 개연성이 높아진 상태다.

한국의 외화차입 중 유럽 계 은행의 비중은 48.8%에 달한다[국제금융센터]. 이중 프랑스 은행들이 보유한 한국 채권만 4조원에 달한다. 유럽계의 투자자금 이탈과 대출자금 회수가 함께 급물살을 타면 주가 폭락은 물론 금리와 환율 급등으로 이어질 수 있다. 그리스 익스포저(위험노출액)가 많은 프랑스와 벨기에 은행이 어려워지면 우리나라로부터 채권을 급격하게 회수할 가능성이 있다. 심각한 문제는 이 같은 상황에서 정부가 쓸 수 있는 카드가 마땅치 않다는 데 있다.

유럽 발 재정위기로 우리나라 경제 시스템이 갑자기 패닉에 빠질 가능성은 낮지만 상황이 돌변해 국내에서건 해외에서건 돈 줄이 막히거나 자금이 빠져나갈 경우 적잖은 혼란을 겪을 수 있다. 만일의 사태에 대비해 주요국 중앙은행과의 통화 스왑 점검, 은행들의 외화유동자금 관리에 만전을 기해야 한다. 장기적으로는 긴 안목을 갖고 한국기업들이 혁신적인 상품개발에 기초한 수출경쟁력을 강화해 왕성한 달러벌이 하는데 선진국의 기업들보다 손색이 없도록 탄탄한 기반을 구축해야 한다는 것이다. 강한 경쟁력을 갖춘 실물경제가 받쳐주는 세계적인 경쟁력을 갖는 것이 무엇보다 더 중요하다. 이러한 실력을 갖추고 있을 때, 단기적으로 일어나는 그 때 그 때의 내외 위기에도 한국경제는 불안에 떨지 않을 것이다.

23. 한국 자본주의의 형성과정과 특징

자본주의 시장경제에서는 생산수단의 사적 소유제도 아래에서 상품생산이 행해진다. **자본주의 경제사회에서는 인간생활의 물질적 기초를 생산하고 또 재생산하는 과정이 자본제적 생산이라는 형태로 이루어진다. 자본주의 사회에서 자본은 생산과정에서 부가가치의 형태로 이윤을 창출해 내는 기업이 사회적 생산의 주체이다.** 자본주의는 서구의 산업혁명을 거쳐서 성립된 근대 산업사회의 경제구조이다. 자본주의는 이미 15, 16세기 중상주의시대에 나타났다. 흔히 15, 16세기의 중상주의 시대의 자본주의를 **상업자본주의**시대라고 부른다. 16세기 이래 움트기 시작한 이후 자본주의가 한 시대의 지배적인 생산양식으로 등장하는 것은 산업혁명이 일어난 18세기 후기이며 자본제 생산에 의해 형성된 기업사회를 **산업자본주의**사회라고 부른다.

산업자본주의는 산업혁명을 거치면서 지배적인 형태로 등장하였다. 영국에서는 1770년대 이후 형성되었고, 유럽대륙에서는 1830년 내지 1840년대에 와서 그 시대의 지배적인 형태로 형성, 발전되었다. **자본제적 생산은 다음과 같은 특징을 가지고 있다. 첫째, 생산은 불특정한 시장수요를 목표로 생산한다.** 다시 말해서 특정 수요자를 위한 생산이 아니라, 국내외 수요를 대상으로 생산, 판매한다. 따라서 상대적 수요부족이 발생하면 생산과잉이 일어날 수 있다. 이러한 생산양식을 자본주의의 무정부적인 성격으로 인하여 공황이 발생할 수 있다. **둘째, 자본주의의 생산조직은 자본주의 원칙에 따르고 있다. 누가 어떠한 상품을 생산하든 국가나 또는 어떤 단체도 이를 간섭하지 않는다는 것을 원칙으로 한다. 이 자유의 원칙은 노동관계에서도 마찬가지이다.** 노동도 상품화해서 시장에서 상품을 판매하듯 고용하고 또 노동자는 그 고용에 응한다. 자본주의 생산양식이 이와 같이 불특정한 시장수요를 목표로 하고 자유주의 원칙에 입각해서 운영되는 생산조직이므로, 자본 상호간의 경쟁이 치열하게 전개되는 내재성을 갖고 있다.

서구 자본주의 사회에서는 1870년대에 들어와 자본 상호간에 경쟁이 치열해지면서 독점자본이 형성되었고 노사 간의 갈등도 심화되어 갔다. 그리하여 이러한 독점자본주의는 20세기에 들어와서는 제국주의 전쟁을 일으키는 양상으로 발전했다. 독점자본의 성립이 각종 사회적 폐해, 즉 대자본의 횡포, 중소기업의 몰락, 실업자의 증대, 제국주의 전쟁 등을 일으킨 것이다. 이와 같은 부작용으로 식민지 백성에 대한 침략 등이 일어나면서 자본주의체제를 부정하는 체제 대안으로 사회주의체제가 등장했다. 이러한 국내외 정세 속에서 자본주의는 나라마다 양상이 달랐지만 체제개혁을 단행하지 않을 수 없었다. 그래서 나타난 것이 20세기 후반기의 **수정자본주의**이다. **수정자본주의는 여러 가지 형태로 나타났다. 수정자본주의는 자유주의에 입각한 자본주의체제 자체를 부정하는 것이 아니고, 자본주의 생산에서 얻어지는 이윤의 분배를 복지사회의 개념으로 수정하는 방향으로 진전됐다.** 제2차 세계 대전 후의 자본주의는 자본증식의 합리화 · 과학화를 통해 이윤을 극대화하고, 그 이윤의 혜택을 대중에게 공정하게 분배하는 복지사회 건설의 목표를 지향하는 질적 변화를 겪고 있는 것이다.

우리나라 자본주의는 전통 농업사회에서 근대 산업사회로 이행하는 과정에서 몇 차례 큰 변화를 겪으면서 전개되어 왔다. 그 첫 번째 전환기는 18세기 중엽에서 19세기 중엽에 이르는 약 1세기 동안의 변화이다. 이 시기에 주목할 만한 사실은 서구 자본주의 사회의 영향 없이 우리나라 사회 내부에서 발생, 성장해 온 자생적 변화가 있었었다는 점이다. 두 번째 전환기는 개항 이후 서구 자본주의의 유입과 더불어 이를 수용함으로써 나타난 변화의 시기이다. 이 시기의 두드러진 특징은 상공업이 급속히 발전하면서 상공업자가 점차 경제운용의 주역으로 떠오른 점이며, 또 한편 국민의 경제의식이 높아지면서 경제적 민족주의가 싹터 나온 점이다. 세 번째 전환기는 우리나라가 일본에 강점당하면서 식민지가 된 시기에 나타나는 변화로서, 이 시기에는 생존

투쟁을 위한 경제적 저항운동이 치열하게 전개되면서 자주자립이념의 민족기업 건설운동이 전국적 규모로 확산된 것이다. 이 운동은 특히 1920년대에 활발하게 전개되며, 이 시기를 경제적 민족주의가 주도적 이념이 되는 시기라고 할 수 있다. 네 번째 전환기는 광복 후 독립 국가를 수립하면서 시작되어 오늘에 이르는, 공업화가 급진적으로 진행되는 시기이다. 이 시기에 자본주의는 급속도로 발전함에 따라 민족의 경제의식이 높아지면서 자본주의 방향이 정립되어 갔던 것이다. 이상과 같이, 우리나라는 전통사회로부터 근대 산업사회로 이행하는 과정에서 네 차례의 큰 변동을 거치면서 전개하여 오늘의 한국적 자본주의사회를 만들어가고 있다. 이러한 전환기를 겪으면서 우리나라의 근대산업은 발전을 했으며, 각 시기의 한국 근대산업의 담당자인 권력자들과 관료 및 기업인들을 포함한 추종집단 간의 긴밀한 관계 속에서 국민들이 수용하는 과정을 구체적으로 고찰하면 우리나라 자본주의의 특징적인 성격과 모습을 추려낼 수 있을 것이다.

우리나라에서는 18세기에 들어오면서 여러 면에서 근대 산업사회로 이행하는 조짐이 나타나기 시작한다. 그 하나는 농본사회(農本社會) 내부에서 상공업이 발전하여 점차 지방까지 확산된 점이다. 수도 한성에서는 시전가(市廛街)가 변두리에까지 확장되며, 서대문 밖에서는 아침저녁으로 시장이 서서 자유로운 상거래가 활발하게 전개된다. 지방에서는 도읍(都邑)이 도시 양상을 띠며, 교통이 편리한 지역에는 매달 10일에 시장이 개설되어 농민 상호간의 교역이 번성을 이룬다. 농민경제도 자급자족의 폐쇄가계경제에서 벗어나 시장을 상대로 하는 상품농업으로 발전하는 경향이 뚜렷이 나타났다. 이 시기 상공업의 발달에서 사상(私商 : 개인이 경영하는 상업이나 그 상인)과 사장(私匠 : 관부에 예속되지 않는 장인)이 상품생산 및 거래를 주도하였다. 우리나라 전통사회에서는 관상(官商 : 관에서 경영하는 상업이나 그 상인) · 관장(官匠 : 관부에 예속된 장인)을 제도화하고 정부의 일체 수요를 관상 · 관장이 조달해 왔는데, 자유 시전(自由市廛)과 시장(市場)이 발달함에 따라 관상 · 관장제도를 혁파하고 필요물품을 자유상거래로 조달하게 되었다. 상공업의 발달은 자연스럽게 화폐경제의 정착으로 이어졌다. **우리나라에서 주화 발행은 고려시대나 조선 초기에도 시행한 일이 있었지만 조선 후기에 와서 주화는 교환의 매개물 기능을 발휘하기 시작하였다.** 18세기에 주화를 거래에서 널리 통용하게 된 것은 상공업의 발달과 정부의 조세금납(租稅金納)이 허용되었기 때문이다. 상공업이 발달되면서 상공업자 중에서 부를 축적하는 사람들이 생겨나서 18세기 후기에 들어오면 부유한 상공업자가 늘어나고 이들은 몰락한 양반들과 대비되는 상황이 되기도 하였다. 이와 같은 상공업의 발달은 사람들의 가치관 및 경제의식에도 변화를 가져온다. 전통적인 상공업 천시 사상이 점차 바뀌어 가면서 상공업의 경제적 중요성이 인식되고 정부에서도 상공업을 주요한 세원으로 삼게 되었으며 국민들 중에서도 상공업계 진출이 늘어나게 되었다. 이러한 사회경제의 변화와 더불어 지식인들의 학풍이나 산업사회를 보는 안목도 달라져 갔다. 17세기에 싹터서 18세기에 성행한 실학이었다.

실학은 신분질서인 사농공상(士農工商)의 사민사상(四民思想)을 기능 분화의 사민사상으로 옮기려 한 것이고, 또 농업·공업·상업에도 학문을 한 사람이 종사한다면 더욱 효율을 높일 수 있다는 생각이 줄기를 이루었다. 실학사상은 선비들이 이에 진출하기를 권장하였다. 19세기에 들어와 각종 기술서적이 발간되면서 경제의 과학화를 지향하는 것은 실학사상의 산물이었다. 이와 같이, **18세기는 우리 경제사회의 근대화를 지향하는 큰 전환의 시기였으나, 그 발전은 전통사회를 대체하여 근대 산업사회를 형성하기에는 미흡했다.** 우선, 상공업의 발달에서 보더라도 18, 19세기에 이르기까지 농본사회의 구조를 탈피하지 못하였다. 상공업의 시전특권(市廛特權)을 혁파하였지만 자유경제화가 철저하지 못하였다. 화폐경제의 확대에서도 정부 세금 일부는 금납을 허용, 실시되어 왔으나 농민의 소작료는 여전히 현물지대가 지배하였다. 또, 상공업자가 재화를 축적하였지만, 상공업자들이 하나의 사회 세력의 계층을 형성하지 못하고 있었다. 상공업자들은 상공업자로서의 사회적 지위향상을 확립하지 못하였다는 점은 서구의 시민계층이 자기 계층의 시민사회를 건설하려는 운동과는 크게 대조가 되는 미성숙단계의 표징이라 하겠다. 우리나라의 근대 산업사회 전개에서 상공업자가 상공업자로서 사회계층으로 부상을 시도하는 것은 개항 이후이다.

그러나 개항 이후부터 서구 자본주의가 유입되면서 우리 경제사회는 두 번째의 큰 전환기를 맞는다. 1880년대 초 우리나라는 서구와 통상조약을 체결하면서 서구 공장제 상품이 대량으로 유입되고, 개항장에는 일본 및 청나라 상인들이 상주했으며 인천항에는 서구 상사도 진출하였다. **서구 자본주의의 유입은 우리나라 정치·행정에도 큰 영향을 미쳤다.** 개항 초기에는 정부 안에 개혁파와 수구파 간 서구문화 수용에 대해 갈등과 대립이 있었지만 자본주의 진입에는 피할 수 없었다. 갑신정변 후 정부 주도세력은 수구파로 넘어갔으며, 이 시기의 식산흥업정책은 이 세력이 주도했다. 이들 주도세력은 봉건계층으로 식산흥업정책에 한계를 넘을 수 없었다. 그들은 서구 기술을 도입하면서도 봉건 지배체제 개편에는 지극히 소극적이었다. **1890년대 이후 관료·귀족 출신의 근대 기업계 진출이 성행하지만, 이들이 근대 기업계에서 성공하는 비율은 낮았다. 그것은 이들의 의식 속에는 봉건적 권위의식이 자리 잡고 있었기 때문이다.**

1905년 이후 우리나라가 일제에 예속되는 시기에 제일 먼저 민족주의에서 이탈하고 일제의 침략 자본을 영입하여 남은 수명을 이어나간 것도 이들 봉건체제에서 세력을 닦아 오던 귀족 및 관료 출신의 기업인이었다. 개항 후 서구 자본주의를 적극적으로 수용한 사람들은 상공인계층이었다. 특히, 개항장의 객주·여각·보부상들은 서구 자본주의에 대해 긍정적인 반응을 보였다. 이들은 18세기 이래 전통적인 관상체제(官商體制)·관장체제(官匠體制)를 해체하면서 성장한 자유로운 상공인계층이었다. 이들은 서울의 한강과 상가(商街) 및 각 지방의 포구에 자리 잡고 각지에서 반입되는 물화(物

貨)를 구입, 판매함으로써 부를 축적하였다. 개항 후 서구상품이 다량으로 유입되고 근대적 상업조직을 갖춘 외국 상인들이 대거 진출함에 따라 개항장의 민족 상인들은 유통 부문을 담당하면서 부를 축적하는 한편, 상업조직을 개편함으로써 외상(外商)에 대응하였다.

1880년부터 민족 상인들이 회사를 설립하면서 또 한편 개항장의 상인들이 일본 상인들의 조직적 활동에 대응하여 상업인회의소(商業人會議所 : 부산의 객주회, 인천의 紳商協會, 원산의 상의소, 목포의 士商會 등) 등을 결성한다. 이들 상공인계층은 민족의식을 갖고 경제활동을 하는 최초 민간인 조직과 활동을 이끌었다. 이리하여 상공업자들이 부를 축적하면서 사회적으로 부상하기 시작하였다. 개항 후의 상공업자들은 18세기와는 달라서 상공업자로서의 긍지를 가지고 있었고 봉건세력과 대등한 지위를 확립하려고 하였다. 일제의 경제침략에 대항하여 민족상공업계를 대표한다는 자부심을 가졌다.

1903년 상공인들은 우리나라에 진출한 일본 제일은행이 은행권을 발행하여 통용시키려할 때 일본 제일은행권의 불수운동(不受運動)을 펴나가기도 하였다. 1905년 일본인 주도 화폐개혁에서도 한성의 상공인들은 철시(撤市)로 저항하였으며, 1907년의 국채보상운동(國債報償運動)을 전국 상공회의소가 민중운동으로 전개하였다. 을사조약 이후 경향 각처에서 일어난 사립학교 설립이 상공인들의 재정적 지원에 힘입었다.

일제강점기에 우리나라 자본주의 경제는 몇 차례의 변혁을 겪었다. 그것은 일본 자본주의 발전단계에 따라 식민지정책이 자주 바뀌었고, 민족자본이 이에 대응하면서 발전을 시도한 데서 온 현상이었다. 그 첫 번째 시기는 1910년대이다. 이 시기에 일본은 제1차 세계대전을 계기로 비약적으로 발전하고 있었다. 당시 일본은 조선인 노동력을 이용하여 일본의 공업 원료와 식량을 확보하는 데에 주력하였다. 합병 후로는 한반도에 근대 공업을 세우기 위해 공업 원료를 확보하는 방안으로 <조선회사령 朝鮮會社令>을 공포하였고, 일본 공업화를 위한 식량을 효율적으로 확보하고자 <토지조사령 土地調査令>을 발표하였다. <조선회사령>은 1911년 1월부터 시행되면서, 일본과 일본인을 위한 법이었지 우리나라의 근대 공장의 건설을 억제하는 악법이었다.

1912년부터 실시된 토지 조사사업은 조선통치에 필요한 조선인 지지 세력을 귀족·양반 등 계층에서 얻고자 그들에게 토지의 배타적인 소유권을 인정하였다. **토지조사령이 근대적인 법의 도입으로 소유관계를 근대화시켰지만 지주와 농민과의 봉건적 예속관계를 가져오는 악법으로 변질됐다.** 또한 국유지 및 국유림을 조선총독부 소유로 옮겨서 통치재원(統治財源)을 확보하였다. 이리하여 이 시기에 조선에 진출한 일본자본은 일본인 소유의 농림회사·수산회사·광산개발회사, 제련회사, 면화회사 등을 설립하면서 다른 한편으로는 일본 내의 공업과 경쟁할 가능성이 있는 근대 공업은 억제하였다. 따라서 이 시기에는 민족자본에 의한 근대 공업이 발달할 수 없었다. **1910년대의 우리나라 사회는 식민지의 반봉건적 성격을 짙게 띠었다.**

두 번째 시기는 1920년대이다. 일본은 제1차 세계대전 후 불황에 들어섰고 해외무역은 감소되었으며, 국내 공업은 전시 경기를 타고 비대해졌던 시설의 가동률이 40 ~ 50%로 떨어졌다. 이러한 불황을 이겨내기 위해 일본은 우리나라에서 또 다른 사업을 벌었다. 1920년 4월 우선 <조선회사령>을 철폐하고 일본 내 유휴자본의 조선 진출을 허용하였다.

일본은 우리나라의 단순 노동력을 기능 노동력으로 전환하였고, 우리나라 사람에게 초등교육과 실업교육을 실시하였다. 이와 같이, 사회 경제 환경이 변화되면서 민족자본이 근대기업으로 진출하기 시작하였다. 이 시기에 민족자본은 크게 둘로 분류된다. 하나는 미곡을 일본에 수출하여 화폐자본을 축적한 대지주 및 거상(巨商)들이다. 이들은 농림회사 · 수산회사, 공장공업 · 섬유공업 · 염직공업 등에 투자하였다. 다른 하나는 소상인 · 소지주 및 전통 상공업 분야에서 유지해 온 영세상공업자로서, 근대 공업화에서 기능공으로 체험을 쌓아 온 기능공들이며, 그들은 중소기업 분야에서 활로를 개척하고 있었다. 한편, 공업화가 진전됨에 따라 농민과 노동자의 의식도 발전되어 1920년대 중반부터 제국주의 반대와 반봉건운동이 활발하게 움직였다. 이와 같이 이들은 식민지 초기단계의 자본주의 사회의 구성체를 이루었다.

세 번째 시기는 1930년대와 1945년의 광복에 이르는 15년간이다. 이 시기에는 민족자본이 심각할 정도로 예속화된 시기였다. 일본은

1931년 만주사변을 기점으로 중국의 만주를 보호령(保護領)으로 확보하고 만주국을 건설하면서 1937년에는 중국 본토 침략과 이어 제2차 세계대전을 일으켰다. 이 시기는 일본 독점자본이 본격적으로 진출하기 시작하였다. 우리나라에 중화학공업을 건설하였고, 이 과정에서 대지주·대상인 자본으로 건설된 민족기업체는 일본 독점자본에 영합되었다. 군소자본으로 이루어진 중소기업은 몰락하였고, 소수는 그 하청 부분을 담당하였다. 이와 같이 **일제강점 하에 우리나라의 사회경제는 전통적인 봉건 잔재를 청산하지 못하고 오히려 강화하면서 거기에 식민지적 경제 유산을 남기고 한반도에서 물러난 것이다.**

1945년 광복을 계기로 한국 자본주의는 본격적으로 한국적인 자본주의의 전개의 길로 들어섰다. 1945년 광복 이후 1948년 정부 수립 이전 기간은 미군정이 우리나라 경제를 재편한 시기이다. **미군정하에서 우리나라 경제는 다음과 같은 변화 과정을 밟는다. 첫째, 미국이 주는 상품 원조를 통해 대일 의존에서 대미 의존으로 바뀐다.** 소비재 중심의 미국원조는 우리나라를 미국의 잉여 농산물과 기타 남는 상품의 판매시장으로 만드는 계기가 되었다. 일본과의 경제거래가 단절됨으로써 새로이 싹트기 시작한 토착 중소기업이 소멸되었다. **둘째로는, 적산재산과 농지개혁에 의해 일어난 산업주체의 재편성 과정에서 민족자본을 형성하는 중요한 계기가 마련되었다. 셋째로는, 반봉건적 소작제도 개혁을 위해 농지개혁이 제시되**

고, 미국의 남는 농산물이 판매되면서 우리나라 농업이 재편성되었다. 한마디로 광복 후의 미군정 통치는 일제하에 형성된 식민지 경제구조를 그대로 온존한 채 미국 경제와 다시 접합시키기 위한 조정 과정이었다.

1948년 정부 수립 후 한국 자본주의는 우리 민족의 독자적인 정권하에 본격적으로 전개되었다. 군정기의 조정과정을 거쳐 원조의 매개로 대미 일변도의 파행 경제구조가 더욱 심화되었다. **한국 자본주의가 미국 원조에 기생한 자본축적의 계기가 마련되면서 관료자본주의 성격이 띠었다.** 한편, 식민지 유산인 농업의 반봉건적 유제에 대한 농지개혁이 실패하고 6·25전쟁에 의한 경제적 기반의 상실로 민족경제 확립의 가능성을 현실화시키지 못한 채 미국 원조에 의존하는 종속적 경제구조를 심화시켰다. 1954년 이후 원조에 의한 경제 건설 과정은 한쪽으로는 원조의 소산인 공업의 독점이 실현되면서 6·25전쟁 후에 광범위하게 생성되었던 자생적인 공업이 소멸되었다. **원조 경제의 파국 조짐을 보이면서도 개별 자본은 독점자본의 생성과 함께 이들 자본에 의한 은행 지배, 곧 금융자본의 형성을 가져왔다.**

1960년대에는 4·19혁명, 이에 대한 5·16군사정변의 정치적 반동이 뒤따르면서, 한국 자본주의의 위기와 경제적 민족주의에 대한 요구가 국가독점 자본주의적인 경제개발 계획이 본격적으로 출범하였다.

경제개발계획의 이름으로 국가개입이 확대되고, 정부 주도의 계획 모델과 함께 외국 자본의 논리를 우리나라 경제에 관철시켰다. 또한, 한일 국교 정상화로 일본 자본이 다시 진출하였고 미국과 일본의 자본 유입은 다양한 산업에서 다국적기업을 낳았다. 이와 같이 우리나라 경제는 국가 자본주의 성격을 띠었다. 그러나 이 시기는 1972년 8·3긴급조치에서 보듯 우리나라 자본주의의 위기를 이미 예고하고 있었다.

1973년 이후는 **국가독점 자본주의 경제는** 첨예화된 모순을 완화하고 이것을 독점의 완성과 개방체제, 중화학공업의 건설로 방향을 틀었다. 독점의 완성과 종속의 심화를 가져오는 개방체제의 확립에도 불구하고 1973년 석유파동을 계기로 한 세계 자본주의의 위기, 그리고 그것에 뒤따르는 1978년 이래 한국 자본주의 경제는 중화학공업화정책을 몰아가면서 우리나라 재계의 재편성과 만성적인 불안을 가져다주었다. **한국 자본주의의 발전은 식민지 종속 경제에서 일본 제국주의의 식민지지배가 통제 관리하는 자본주의의 길을 걸었다. 따라서 한국 자본주의는 일본 자본주의의 요구에 따라 한 쪽으로는 토지소유제와 결합된 낡은 사회적 유제를 부분적으로 유지한 채 낡은 사회구조를 부분 계승하고, 다른 쪽으로는 자본이 반민족적 천민적 매판자본과 일본 자본을 주축으로 한 근대 자본주의의 길을 걸었다.** 이런 발전과정은 독자적인 것은 아니었으며 후발 선진자본주의로서 자본주의 독점단계에서 자본제화에 들어선 일본 자본주의의 성격을 반영하였다.

한국 자본주의는 6·25전쟁 전까지 식민지 종속성이 반영되면서 경제의 이중구조, 공업구조의 파행성, 경제활동 분야의 경제외적 성격의 강화, 산업자본 단계를 거치지 않는 독점의 실현 등이 출현했다. 이들은 식민지 종속적 자본주의 발전의 중요한 지표가 되는 시민혁명의 결여, 국민경제의 이중구조와 낡은 것의 온존, 경제외적 요소가 축적되는 계기가 되었다. 또한 식민지 수탈을 위한 상품경제의 편성과 이식된 사회적 생산력 그리고 국민경제의 격리를 반영한 것이었다.

8·15광복 전후의 우리나라 자본주의는 세계 자본주의적인 분업체계 속에서 밟아가기 시작하였다. 그것은 낡은 식민지 경제구조를 유지한 채 그 위에 전후의 미국 의존적인 경제관계에 접합되었다. 미국 원조가 기초가 되었다. 그 뒤 자본축적 과정에서 주어진 한국 기업의 활동은 수출지향적인 정부정책이 추진되면서 우리나라 자본주의를 지극히 대외의존적인 경제로 만들었다. 그리고 이 과정에서 우리나라 자본주의는 관료적 자본주의 성격을 드러낸다. 한국 자본주의는 그 자본축적의 계기나 산업자본 형성 과정에서 보듯 정부주도적인 성격과 경제외적인 성격을 겸할 수밖에 없었다. 전후 전개되는 우리나라 자본주의는 일제식민지 통치하의 민족자본의 부재로 인해 매판적인 일부 상인 자본이 중심이 되지 않을 수 없었다. 더욱이, 이런 것들은 8·15광복을 시민 변혁의 계기로 삼지 못하고 낡은 것을 온존시켰다. 귀속재산 불하, 원조에 기생하는 과정에서 이들 매판 상인자본은 본원적 자본 축적의 계기를 잡았으며, 이들은 자생적인 민족공업의 수탈 위에 국가권력과 결합하여 독점을 이룩하였다. 그

러나 이들 자본은 산업자본으로 바뀐 후에도 오래도록 상인자본의 성격을 유지하였으며, 이런 것들은 어떤 의미에서 그 뒤에 전개되는 국가독점 자본주의적인 성장 정책과 결합하면서 더욱 확대, 재생산되었다.

이와 같은 자본의 경제외적 성격에 더하여 이들 자본가에게 보다 더한 매판성을 부여하였다. **전후 우리나라 자본주의가 농지개혁의 실패, 귀속재산 불하의 실패, 민족 공업의 자생적 발전 유도의 부재 등으로 인하여 민족자본 축적의 계기를 잡지 못함으로써, 그 뒤에 이어지는 축적 계기는 외국자본과의 관련에서 주어질 수밖에 없었다. 여기에 우리나라 자본주의의 특수성으로서 관료 자본주의 성격이 형성된 것이다.** 다음으로는 사회적 생산력의 이식형 성격과 독점이다. 우리나라 자본주의는 내생적인 사회적 생산력 발전에 의존하기보다는 외국자본의 관련을 통한 생산력이 기초를 가질 수밖에 없었다. 따라서 자본의 대외의존은 산업의 이식형적 성격을 강화하였다. 그것은 산업간 · 기업 간의 분업관계가 긴밀하지 못할 뿐만 아니라, 한 사회의 자원 부존상태에 상응하지 못한 기술을 도입하게 하고, 산업 또는 기업의 시장 점유에 상응하는 고용 기회를 창출하지 못하게 한다.

우리나라 자본주의는 초기에는 정상배(政商輩 : 정치가와 결탁하여 사사로운 이익을 꾀하는 무리나 그 무리에 속하는 사람)와 국가권력과의 결합관계에서, 그리고 후기에는 외자도입이나 외국자본과의 결합관계에서 산업자본 단계의 경쟁을 거치지 않고 경제외적인

독점을 실현시켜 왔다. 이것은 사회적 생산력을 기초로 한 것이 아니기 때문에 사회적 생산력의 발전을 제약하고 독점을 터무니없이 확대, 강화하게 되었다. **오늘날 우리나라 자본주의에서 이른바 문어발식 확장으로 수십 개의 계열 기업군을 거느린 가족지배의 콘체른(konzern)식 복합그룹으로서 재벌을 형성하고 있는 것이다.** 이 결과 대외의존도가 높아 내부부실에 휘말려 1997년에는 국제 통화기금 관리체제라는 경제적 위기를 맞았다. 1998년 김대중 정부가 들어서면서 국제기관의 관리를 받아가며 우리 경제의 비합리적이고 비효율적인 요소를 제거하는 구조조정 정책이 시행되었다. 그러나 우리나라 자본주의 경제는 여전히 이중경제구조적인 성격을 벗어나지 못하고 있다.

우리나라 자본주의 발전은 외국자본을 주축으로 한 수출지향적인 외연적인 불균형 성장이었다. 그것은 경제개발계획에서 허슈만(Hirschman, A.O.)의 불균형 성장이론이 적용되었고, 외국자본의 논리는 국내 분업 관련을 갖지 못했다. **우리나라 자본주의는 1980년대까지 여전히 국가독점 자본주의 성격을 유지하였고, 민간자본의 독점구축이 금융자본의 형성까지 이루고 있음에도 불구하고 농업 부문에서는 전근대적인 소농 경영이 광범위하게 존재하였다.** 이런 것들은 저임금, 불완전 취업상태에 있는 광범위한 빈민층 확산과 함께 사회적 빈곤의 온상이 되었다. 1997년 국제통화기금 관리체제에 들어간 이후 외국자본의 유입과 재벌의 구조조정 정책들이 다양하게 전개되었으며 전근대적인 경제요인들은 어느 정도 해소되었지만 아직도 여전히 갈 길은 멀어 보인다[naver.com : 한국자본주의].

24. 해방 직후 한국 자본주의의 모습

지금으로부터 100년 전 조선은 유럽 국가들에 비해 크게 뒤떨어진 최저 빈국, 동방의 변방국가로 있었다. 한국은 과거 수세기 동안 외세의 침략과 지배에서 시달려 왔다. 19세기 조선에 대해 외국인들은 은둔의 왕국, 금단의 나라, 정체된 나라였다. 조선사회는 사회개편을 주장한 북학파의 실학사상과 어용상인의 견제를 뚫고 성장한 민간상인과 신분체제 붕괴 등의 근대화의 맹아들이 싹트긴 하였지만 불행하게도 절대다수의 일반 대중들은 여전히 무지와 가난 속에 파묻혀 있었다. 조선경제는 일제가 들어오면서 새로운 문물과 제도가 본격적으로 들어왔고, 경제도 근대화와 산업화 과정을 밟기 시작하였다. 그러나 일본의 한국 공업화 추진 과정을 밟으면서도 절대다수의 조선민중들은 일본의 근대화와 산업화 과정에서 소외되었고 철저하게 악용되었다.

일제 식민지 해방 후 한국의 귀속재산 처리는 한국 자본주의의 발전과 기업 생태계 및 재벌집단 형성에 매우 중대한 영향을 미쳤다. 한국의 귀속재산 처리는 8 · 15광복 후 미군정에 의해 구 일본국 및 일본인 소유의 재산을 한국 국민에게 이전, 처리하기 위하여 취해진 법적 · 행정적 조치였다. **광복 당시 국내에 있던 일본의 모든 공유 및 사유재산은 미군정에 의해 '적산(敵産)'으로 규정되어 미군정청의 '귀속재산'으로 접수되었다.**

귀속재산 가운데 일부 소규모 사업체와 귀속농지는 미군정청에 의해 불하되기 시작했다. 그러나 나머지는 1948년 8월 15일 이후 한국 정부로 이관되었다가, 1949년 12월에 제정 · 공포된 <귀속재산처리법>을 토대로 1958년까지 대부분 민간인에게 불하되었다. **당시 접수된 귀속재산의 내용을 보면, 귀속농지가 약 30만 정보로 우리나라(남한) 총 경지면적의 약 14%를 차지했고, 귀속된 사업체가 3,551개였다. 이 가운데에는 제조업체가 우리나라 전체 사업체의 66.3%였으며, 그 수는 2,354개 업체였다.** 그 밖에 건물 · 주택 · 대지 · 점포 등의 부동산과 귀금속 · 유가증권 등의 동산도 상당액 있었다. **당시 귀속재산의 총 가치는 우리나라 총 자산가치의 약 80%에 이른 것으로 추정될 만큼 엄청난 규모였다.**

미군정청은 귀속재산의 관리를 위해 군정청 내에 **중앙관리처**(中央管理處)를 두고, 각 도에는 **지방관재처**(地方管財處)를 설치하였다. 특히, 동양척식주식회사(東洋拓殖株式會社) 소유재산을 비롯하여 막대한 토지재산을 관리하기 위해서는 미군정청 직속으로 **신한공사(新韓公社)**라는 특별기관을 설치하기도 하였다. 귀속농지 외의 부동산과 기타 동산 류의 관리는 미군정청에 설치된 **재산관리처에 의해 당해 소재지 내의 금융기관에 위임되었고, 귀속사업체의 경우에는 재산관리처가 당해 사업체의 고문관을 임명하고, 고문관이 관리인 임명 등 사업체 운영에 관한 모든 책임을 지는 고문관제도에 의해 관리되었다.** 그러나 귀속사업체는 관리 및 운영권을 둘러싼 부정과 부실 경영으로 인한 가동률 저하 등 관리행정에서 여러 가지 부작용을 일으키게 되었다. 그러자 미군정 당국은 고문관제도를 폐지하고 **사업체관리권을 미군정청 내의 소관 부서장에게 위임했다**가 다시 해당 사업체의 이사회에 위촉하는 등 여러 차례의 법령 개정을 시도하였다. 그럼에도 불구하고 문제가 해결되지 않자 **미군정청은 1946년부터 소규모 귀속사업체를 민간인에게 불하할 계획을 세우고, 1947년 3월에는 불하를 위한 행정조처를 취하였다. 그와 더불어 도시지역에 소재한 일반 주택과 귀속선박 및 귀속광산에 대한 불하조처도 취해졌다.**

또한, 미군정청은 당시 정치적 · 사회적 혼란과 경제적 불안의 주된 요인이었던 농지소유문제를 해결하기 위해 농지개혁을 계획하였다. 그런데 농지개혁법안이 과도입법의원에서 통과되지 못하자 **1947년 9월에 미군정청이 독자적으로 개혁 법안을 작성하여 신한공**

사 관리하의 귀속농지만을 대상으로 분배계획을 세우고, 1948년 3월 법령 제173호를 공포하여 귀속농지 정리에 착수하였다. **경과귀속농지는 연간 생산량의 20%를 15년간 현물로 분할 지불하는 유상 분배방법으로, 해당 농지의 소작인에게 우선적으로 불하되었다. 귀속농지는 미군정 기간 동안 75% 가량이 불하되었으며, 정부수립 후에도 귀속농지 분배사업은 계속되어 사업이 완료된 1952년 2월까지 91.4%가 불하되었다.**

귀속농지와 미군정 기간에 처분된 것 이외의 귀속재산은 정부수립 후 1948년 9월 11일에 체결된 '대한민국정부와 미국정부 간의 재정 및 재산에 관한 최초 협정'에 의하여 한국 정부로 이관되었다. 그 뒤 정부는 귀속재산 처분을 둘러싸고 국회와 의견 충돌을 일으키다가 많은 우여곡절 끝에 **1949년 12월에야 <귀속재산처리법>을 제정·공포하고, 국공유 재산으로 지정된 것을 제외한 귀속재산에 대해 불하사업을 추진하게 되었다.** 그러나 곧이어 6·25전쟁이 발생함에 따라 수많은 재산이 파괴, 유실되어 불하사업은 제대로 진행되지 못하였고, 본격적인 불하는 휴전 후인 1954년에 이르러서야 시작되었다. **귀속재산 불하사업은 1958년 5월 말까지 총 26만 3774건으로 90%이상의 처리실적을 올리고 완료되었다.**

귀속재산은 당시 우리나라 경제에서 차지하는 규모가 워낙 막대하기도 했지만, 특히 귀속사업체의 경우 생산시설이 좋은 대규모기

업이 대부분이었고, 귀속농지도 토질이 비옥하고 생산성이 높은 논의 비중이 매우 높았기 때문에 광복 당시 우리 경제의 순환과정은 귀속재산에 의해 주도되다시피 하였다. 따라서 귀속재산의 불하는 일제 식민지 통치의 경제적 유산을 처리한다는 의미뿐만 아니라 광복 후 국민경제의 재건을 담당하게 될 경제 주체를 결정한다는 의의를 지니는 것이었다.

귀속재산 불하는 연고자 · 종업원 · 국가유공자 및 그 유가족에게 우선권이 주어졌으며, 불하대금은 일시불을 원칙으로 하나 최고 15년까지의 분할 납부도 가능하였다. 불하가격은 매우 저렴하게 책정되었을 뿐 아니라, 정부에 의한 재정 · 금융상의 지원과 급격한 물가상승으로 인하여 거의 무상에 가까웠기 때문에 실질적으로 귀속재산의 불하는 엄청난 정책적 특혜로 작용하였다. 그리하여 불하과정에서의 부정과 정경유착(政經癒着)과 같은 부조리를 초래하게 되었고, 그 결과 한국 자본주의 시장경제의 건설은 상당히 왜곡될 수밖에 없었다. 그렇지만 미군정에 의해 계획, 시행된 귀속농지 분배는 정부수립 후 실시된 우리나라 농지개혁의 역사적 단서를 마련함으로써 농촌경제의 민주화에 기여하였다.

농지개혁은 귀속재산과 함께 한국의 농업 발전을 결정짓는 중대한 조치였으며 한국 자본주의 형성에 중대한 영향을 미쳤다. 농지개혁은 농업경영의 합리화와 농촌의 민주화를 촉진하기 위하여, 토지소유권을 경작자에게 이양하여 경작인의 보호에 중점을 두는 개혁조처였다. **농지개혁은 1949년 6월 21일에 제정, 공포된 <농지개혁법>에 의거 1950년에 실시한 것이다.** 당시 농지개혁을 하지 않을 수 없었던 이유는 첫째, 8·15광복 직후의 정치적 불안을 해소하고 민주국가 건설의 토대를 마련하는 것이었다. **1945년 8월 15일 광복 당시 우리나라 농지의 소작비율은 전 농지 222만6000㏊의 65%인 144만7000㏊가 소작지였다. 그와 같은 많은 소작지에서 가혹한 소작료를 지불하고 있던 농촌경제는 매년 빈곤의 악순환이 계속되었다.** 광복과 더불어 민주의식과 평등의식이 고조되면서 사회적 혼란이 적지 않던 때에 일본인 소유농지였던 29만1000㏊의 귀속농지 처리 등 농지제도의 개혁이 요청되었다.

농지개혁을 더욱 서두르게 된 것은 우리보다 앞서 1946년 3월 5일 농지개혁을 단행한 북한이 농지개혁을 공산주의 우월의 선전수단으로 활용하여 사상적·정치적 불안을 가중시키고 있었으므로, 하루 빨리 농민의 숙원인 농지개혁을 전면적으로 단행하여 정치적 불안정을 완전히 해소하는 것도 요구되었다. 둘째, 사회적 이유로 농촌의 반봉건적 사회구조의 개선을 통해 농촌사회를 근대화할 필요성이 있었다. 전통적인 지주와 소작인 사이에 신분적 예속관계가 계속되고 있을 때, 광복과 더불어 월남 동포와 해외동포의 귀환으로 좁은 농지의 소작권을 둘러싼 소작료율이나 경작권분쟁 등은 사회적 혼란을 가중시켰다. 따라서 소작료의 인하나 소작쟁의 조정

등 미온적 조처로서는 지주 대 소작인 관계에서 발생하는 사회적 갈등을 해소하기 어려웠다. 이에 사회적 불안을 근본적으로 해소하기 위해서는 농지개혁이 요청되었다.

또한 농업생산성의 효율화를 높이자는 경제적 이유도 작용하였다. 소작제 하에서는 농민의 생산의욕을 감퇴시키고 더구나 전통적 고율 소작료로 재투자의 길이 막힌 소작농은 농지개혁 없이는 빈곤에서 벗어날 길이 없었다. 따라서 소작농에게 농지의 소유권을 주어 자작농화하여 농업 생산의욕을 고취시키고 부족한 식량을 증산하게 하는 한편, 지주의 경제적 수탈과 종속관계를 해소하여 농가경제의 향상을 도모하는 것이었다. 뿐만 아니라 농촌 내의 유효수효를 확대하여 공업생산의 발전을 자극할 필요성이 요청되었다.

농지개혁의 실시과정은 크게 두 단계로 진행되었다. 첫째, 제1차 미군정하의 농지개혁 ; 1945년 8월 15일 광복 직후 미군정하에 있던 남한은 민주경제건설의 기초과업으로써 고율소작료의 완화 등 농지개혁을 적극 권유받게 되었다. 따라서 1945년 10월 5일 미군정법령에 의거, 우선 종래의 고율소작료를 수확량의 3분의 1 이하로 제한하였다. 그리고 같은 해 12월 19일 미군정법령으로 일본인 소유토지와 재산을 군정청 관리 하에 두도록 하였다. 또한 1946년 2월 21일 법령으로 이 재산을 **신한공사(新韓公社)**에 귀속시켜 귀속농지라 규정하고 농지개혁의 기본정책 수립에 착수하였다. 그러나 당시 다수의석을 차지하였던 지주계급 출신의 한국 민주당의원들이 농지개혁을 반대하였다. 그러자 **미군정 당국은 1948년 3월 11일 과도정부 법령을 공포하여 신한공사가 관리하고 있던 귀속농지에 한하여 우선 농지개혁을 단행하였다.** 그 개혁의 골자를 보면, 유상매수(有償買收)와 유상분배를 원칙으로 하되, 농가 호당 2㏊(논·밭 포함)를 상한으로 하였다. 농지가격은 해당 농지에서 생산되는 연간생산량의 3배의 현물로 하되, 지불방법은 연간생산량의 20%씩을 15년간에 상환하도록 하였다. 그리고 불가항력적인 어려움이 있을 때에는 연부 상환기간을 연장할 수 있도록 하였다. 이상과 같은 방법으로 **일본인 소유농지였던 귀속농지 29만1000㏊가 미군정의 관리 하에 해당 농지를 경작하였던 농민에게 분배되었다.** 또 그 업무를 맡았던 **중앙토지행정처**는 1948년 8월 15일 대한민국정부가 수립되면서 농림부에 이관, 접수되었다.

다음 제2차 농지개혁 대한민국정부수립 후의 농지개혁이다. **제2차 농지개혁은 국내의 모든 한국인 지주가 소유하고 있던 115만6천㏊를 개혁대상으로 하였다.** 농림부의 농지개혁법안은 1949년 1월 국회 본회의에 상정되어 정부안과의 절충 및 광범한 수정된 뒤, 그해 4월 통과되고, 6월에 공포되어 농지개혁은 비로소 그 법적 근거를 마련하였다. 농림부는 농지개혁을 실시하기 위한 전국적인 농지실태조사에 착수하였다. 그러나 예산문제를 해결 하지 못하여 실시가 1년간 연장되었다. 그러자 정부에서는 그 사이 이 법의 불합리한

점을 개정하고자 1949년 10월 25일 개정안이 본회의에 상정하였다. 이 개정안의 주요 골자는 지가보상(地價補償)과 상환액을 평균 수확고의 2.4배로 인상하여 통일하자는 것이었다. 그러나 국회 본회의는 정부 측의 의도에 따라 1.5배로 낮추어 결정하는 한편, 지주에게는 지가증권(地價證券)을 발급하여 이를 기업에 투자토록 하여, 지주들도 일반 산업에 참여할 수 있도록 하자는 내용이었다. 이 개정 법률안은 국회를 통과하여 1950년 3월 10일 공포되면서, 농지개혁 실시를 위한 입법조처가 완전하게 갖추어지게 되었다.

농지개혁법의 주요 내용은 ① 정부가 사들이는 대상농지는 농가 아닌 자의 농지, 자경(自耕)하지 않는 자의 농지, 호당 3ha(당시는 '3町步'라 하였음) 이상을 초과하는 부분의 농지, 다년생식물 3ha이상을 자영하는 자가 소유하고 있는 다년생식물 재배 이외의 농지 등을 정부의 매수대상농지로 하였다. 여기서 호당 3ha를 초과하는 농지를 매수대상으로 한 것은 3ha를 경작 상한선으로 본 것이고, 이는 역우(役牛)를 포함한 5인 가족의 노동력을 참작하여 3ha를 가경한계(可耕限界)로 본 것이다. ② 매수대상에서 제외되는 농지는 호당 3ha 이내의 자경 또는 자영농지, 다년생식물 재배의 자영농지, 비농가가 가정 원예용 농지로 경작하는 500평 이내의 농지, 정부 및 공공단체의 소유농지, 공인된 학교와 종교단체 및 후생기관의 자경농지, 학술연구 등 특수목적을 위해 사용되는 농지, 분묘 1기당 0.2 ha(600평) 이내의 농지, 미완성된 개간 및 간척농지, 이 법 실시 이후의 개간 또는 간척농지들이었다. ③ **매수농지의 평가기준은 농가가 매수한 농지의 지가, 곧 농민이 상환해야 할 보상액의 평가는 해당 농지 주생산물의 평년작의 1.5배로 정하되**, 다년생식물을 재배하는 농지는 시가에 따라 별도로 사정하고, 개간 · 간척 및 특수 사용지는 특별보상액을 첨가하는 것으로 되어 있다. ④ 농지의 분배대상농가는 현재 당해 농지를 경작하는 농가, 경작능력에 비하여 과소한 농지를 경작하는 농가, 농업경영에 경험을 가진 순국열사의 유가족, 영농능력을 가진 피고용 농가, 국외에서 귀환한 농가 등으로 되어 있다. ⑤ **매수농지의 지가보상에서는 지주에 대한 지가보상은 5년간 균분상환으로 하되, 지주가 기업에 투자할 수 있도록 지가증권을 발급하였다**. 다만 증권의 액면은 보상액을 환산한 당해농지의 당해 연도 주생산물의 수량으로 표시하였다. ⑥ **분배농지의 지가상환에 있어서 상환액은 당해 농지의 보상액과 같게 하되, 원칙적으로 5년간 균분연부(均分年賦)로 할 것이나 일시불이나 상환기간 연장이 가능하도록 하였다**. ⑦ 분배농지의 보존 및 관리는 분배농지에 대해서는 상환이 완료될 때까지 매매 · 증여 기타 소유권의 처분, 저당권 · 지상권 · 선취득권 · 담보권의 설정 등을 금하였다. 상환을 완료하지 않은 수배농가가 폐농 · 전업 · 이농함에 따라 농지의 전부 혹은 일부를 반환할 때에는 기상환액의 전액 또는 일부를 농가에 반환하며, 수배농가가 농지개량시설을 직접 하였을 경우에는 그 금액도 정부가 보상케 하며 농민을 보호하도록 하였다.

제2차 농지개혁은 농지개혁법시행령과 시행규칙이 공포되면서 시행됐다. 1949년 6월 21일에 집계된 총 매수대상면적은 60만1000㏊로, 총 경지면적의 27%에 달했다. 귀속농지 29만1000㏊를 포함한 총 분배예정면적은 89만2000㏊에 이르러, 총 경지면적 222만6000㏊의 40%을 차지했다. 한편 <농지개혁법>의 실시와 더불어 귀속농지도 예외 없이 이 법의 테두리 안에 포함되어 지가 등 기타 조건이 변경되었다. 즉, 귀속농지의 지가는 연간생산량의 3배이던 것이 1.5배로, 상환기간 15년이 5년으로 줄어들었다. 그러나 농지개혁이 구체적인 실시단계에 들어갈 무렵 **6·25전쟁이 일어나 경상남도 일대를 제외한 전국이 농지개혁 실시가 중단되었다. 9·28서울 수복과 더불어 농지개혁사업은 다시 착수하게 되었다.** 수복 후 즉시 농지개혁을 단행하게 된 이유는, ① 전란으로 가중된 재정상의 핍박을 덜기 위하여 귀속기업체(일본인 소유의 기업체)와 귀속농지를 불하(분배)하여 국고수입을 늘리고 ② 종래의 지주들에게는 지가증권으로 불하되는 기업에 참여할 수 있도록 하는 것과 ③ 환수되는 지가상환미(地價償還米)를 부족 되는 군량미로 활용하는 것이었다.

그리하여 1950년 가을부터 분배농지의 상환곡은 전국에 걸쳐 수납되기 시작하였다. 그러나 당시의 지주들은 농지개혁시기를 전후한 때의 혼란과 관계 법규 등의 허점들을 악용하거나 위반하여 분배농지를 임의처분 또는 은닉하였다. **제2차 농지개혁의 결과 한국인 지주 소유농지 32만2000㏊만이(수복지구 포함) 91만8548호에 분**

배되었고, 지가보상은 정조(正租 : 벼) 1158만7959석이었다. 따라서 분배농지의 합계는 귀속농지 29만1000ha와 한국인 소유농지 32만 2000ha를 합해서 모두 61만3000ha에 이르렀다. 1945년 8월 15일 광복 당시 소작지 144만7000ha의 42.4%에 해당하는 61만3000ha만이 <농지개혁법>에 따라서 분배된 셈이며, 나머지 57.6%인 83만 4000ha는 지주들이 자경(自耕)·임의처분·은닉 등을 통하여 개혁 대상에서 빠지고 말았다.[17]

---

17) 최근 언론 보도는 농지개혁은 시대적 요구사항이었지만 실패한 것으로 평가하고 있다. **1949년 남한 인구의 70%가 농민이었다. 그중 80%가 소작농이었다. 이들은 소작지를 쥐고 있는 지주(한민당)의 정치·경제적 영향력으로부터 벗어나기 어려웠다. 심정적으로는 무상몰수·무상분배 방식의 농지개혁을 부르짖는 좌파(남로당)에 동조하고 있었다.** 이승만이 추진한 농지개혁은 한민당과 남로당의 영향력 아래 있던 농민을 자신의 지지기반으로 끌어들이는 것이 절실했다. 이승만 정부의 1949년 6월 농지개혁 공포는 지주들에게 엄청난 충격을 줬다. 농지개혁에 대한 지주들의 반발은 대단했다. 이승만을 대통령으로 만든 한민당의 배신감도 컸다. 그러나 이승만은 농지개혁을 최우선 과제라고 판단했다. 이승만은 진보적인 조봉암과 강정택을 농림부의 장·차관으로 기용했다. 평소 농지개혁을 역설해온 조봉암을 발탁한 이유는 농민을 장악하기 위해서였다. 공산혁명을 막기 위해서라도 시급히 농지개혁을 주장했다[서울신문, 1948.12.7.]. 1949년 6월 의회를 통과한 농지개혁안은 50년 3월 최종적으로 공포됐다. 1949년부터 실질적인 행정절차에 들어간 농지개혁은 한국전쟁 전까지 대상농지의 70~80%를 분배할 정도로 순조롭게 이뤄졌다. 그 결과 해방 직후 농지의 65%나 차지하던 소작지는 51년 8%까지 줄어들었다. 당시 소작농들은 노예지 국민이 아닐 정도로 열악했다. 일자무식에 한 끼 해결하기도 급급했던 시절 농지개혁은 일대 혁명이나 다름없었다. 땅을 가진 소작농들은 자식을 학교에 보낼 수 있었다. 농지개혁은 역사상 처음으로 자기 땅을 갖게 됐다. 소작농들은 대한민국의 국민으로 남을 수 있었다. 농지개혁을 통해 지주 자본을 농업 관련 사업과 중소기업에 대한 투자로 유도하고자 의도했다. 이승만은 지주들의 토지자본이 산업 자본화되기를 기대했다[서울신문, 1948.12.10]. 그러나 지주들이 사업에 성공한 사례는 20건에 불과해 정부의 기대에 부응하지 못했다. 가장 큰 이유는 6.25전쟁과 급격한 인플레이션에 의한 지가증권의 가치가 폭락이었다. 지가증권이 지주들에겐 애물단지로 변했지만 귀속재산을 불하받는 신흥기업가들에겐 유용했다. 귀속재산 매입 대금을 치를 때 액면전액을 인정받았기 때문이다. 6.25동란으로 지가증권이 액면가의 25~70%(평균 50%)

수복지구의 농지개혁은 1953년 7월 휴전이 되면서 남한에 귀속된 38선 이북지역의 수복지구에 대한 농지처리문제로 대두되었다. 이를 위해 정부는 1958년 4월 10일 '수복지구에 대한 농지개혁법시행에 관한 특례'에 바탕을 두고, 이 지역의 농지개혁에 착수하였다. 수복지구에 대한 농지개혁의 골자를 보면, ① 1956년 12월 1일 현재의 지주와 농가를 상대로 농지를 매수, 분배하고, ② 보상과 상환은 1958년 하곡부터 실시하며, ③ 지가와 상환기간 및 기타사항은 1950년의 <농지개혁법>에 준하도록 했다. 이리하여 수복지구 농지개혁에 의해 분배된 농지면적은 일반 농지 2,880㏊(전답) 귀속농지 903㏊(전답) 합계 3,783㏊에 달하였으며, 이를 8,254호의 농가에 분배하였다.

농지개혁 자체는 당초 목적한 대로 성과를 올리지 못하였다. **귀속농지를 포함하여 8·15광복 당시의 소작면적 144만7000㏊의 42.4%(61만3000㏊)만 개혁 되었고, 나머지 83만4000㏊(은폐소작지 15만8000**

로 매매되기 시작했다. 활발해진 지가증권 거래는 본격적인 증권시장을 태동시켰다. 1949년 11월~55년 5월 증권회사 총거래액 107억여 원 가운데 73%인 78억여 원이 지가증권이었다. 이처럼 지가증권 거래를 통해 지주자본이 산업자본으로 전환됐다. 해방 직후 북한에서 시행된 토지개혁은 농민들의 전폭적인 지지아래 전국적인 규모로 진행돼 26일 만에 마무리됐다. 북조선은 1946년 3월 5일 토지개혁법을 공포하고 5정보 이상의 토지를 몰수해 농민들에게 무상 배분했다. **당시 북한에선 총농가의 4%에 해당하는 지주들이 총경지면적의 58.2%를 차지하고 있어 농민 대부분은 빈농이거나 소작농이었다.** 토지개혁으로 46년 3월 5일 이후 정부로부터 분배받은 토지에서 나온 농산물은 자신들이 처분할 수 있게 됐다. 대신 수확량의 25%를 현물로 국가에 납부했다. 토지의 비옥도를 고려하지 않고 일률적으로 부과한 세금에 대해 불만도 있었지만 대부분의 농민은 소작농에서 벗어났다는 점에 만족해 김일성의 공산주의 정권 수립에지지 세력이 됐다[중앙일보, 2008.8.27.]. 불만을 가진 일부 지주들은 토지문서를 챙겨 38선을 넘어 남행하는 경우가 대부분이었다.

ha)는 농지개혁법의 테두리를 벗어났다. 1949년 6월, 농지개혁의 실시 직전에 조사된 한국인 지주 소유농지 60만1000ha(제2차 개혁대상)마저도 실제 분배된 것은 54%인 32만2000ha에 그쳤다. 그나마 이 수치는 수복지구의 3,783ha가 포함된 수치이다. 이렇게 볼 때 당초 목적했던 것의 약 절반가량의 실적밖에 올리지 못한 것이다. 한국농촌경제연구원의 조사에 따르면 **농지개혁 직후 은폐소작지로 남아 있던 면적은 15만8000ha로 8·15광복 당시 전체 소작지면적 144만7000ha의 11%에 불과하고, 전농지의 8%에 불과하다. 그렇다면 농지개혁으로 분배되지도 않고 은폐소작지로 남아 있지도 않았던 67만7000ha의 행방이 문제가 되었다.** 그 면적은 결국 농민 소유로 돌아가 자작지화(自作地化)되었다. 그것은 농지개혁의 절차에 따라 분배되지는 않았지만, 지주와 소작인간의 합의에 따라 농지개혁에서 정한 지가수준(地價水準)이나 상환조건에 준해서 직접 양도가 된 것이다. 이 경우 소작인은 농지개혁에 의해서 분배받거나 지주와의 직접거래에서 양도받거나 큰 이해득실이 없으나, 지주들에게는 매우 유리하였기 때문이다. 다시 말해서 불확실한 지가증권보다는 소작인으로부터 확실한 현물을 지가로 받을 수 있었기 때문이다. 인플레이션이 심했던 당시로서는 소작인과 직거래 양도로 현물을 받을 수 있었다. 법에 따른 분배농지의 경우 나라 재정상 늦게 현금을 받거나 연불되는 수가 많았다. 따라서 지가증권의 거래는 액면가의 반값으로 거래되는 수가 허다하였다.

전체 소작지가 이와 같이 농지개혁이나 또는 이에 준하는 조건으로 모두가 자작지화 된 것은 아니었다. 법제정 이전에 매매된 일부 농지는 농지개혁에 따른 조건보다는 높은 값으로 소작인에게 양도되었다. 전반적으로 법 제정 이후의 농지개혁은 비록 법의 테두리 안에서 이루어진 것이 절반 수준밖에 되지 않았다. 그렇지만 이의 파급효과로 나머지 소작지도 사실상 농지개혁에 준하는 조건으로 양도되었다고 보면, 농지개혁은 절반의 성공인 셈이다. 이를 통해 농촌사회의 소작을 둘러싼 사회적 마찰을 해소하고 사회적 · 정치적 안정과 농촌의 민주화를 가져오는 데 도움을 줄 수 있었다. 자작농이 시작되면서 농지개혁이 증산적인 방향으로 유도되었다. 그러나 농지개혁이 겨냥했던 지가보상을 받은 지주들의 기업에의 참여는 지가 상환시기와 인플레이션 등으로 효과를 거두었는지는 의문이다. 그리고 농지개혁 후 자작농육성정책이나 농지제도의 사후관리를 규정하는 제도 미비, 도시화 · 산업화에 따른 농민의 농촌이탈 등 여러 가지의 요인이 겹쳐, 전체 농지의 192만4000㏊의 43.5%인 83만 7000㏊가 다시 임차지(소작지)로 되돌아갔다는 사실이(1997년 말 기준)

25. 한국자본주의의 변화

한국경제는 1945년 일본으로부터 해방되면서 독자적으로 운영될 수 있는 계기를 맞게 되었다. 한국경제는 지난 65년 동안 급속한 경제발전으로 정체된 농업국가에서 급속히 공업화된 개발도상국가로 자리매김할 수 있게 되었다. 한국경제는 건국 이후 단순히 경제기적이라는 사실을 뛰어 넘어 근대화의 모범국가를 만든 20세기 후반 제3세계 성공신화모델 국가로 세계경제에서 자리 잡았다[문화일보, 2008.5.23]. 1970년대에는 한강의 기적을 이룩한 개발도상국의 모범적인 경제발전모델이 되기도 하였다. 당시 한국의 경제발전전략은 연구대상이 되기도 하였다. 그러나 해방 이후 지난 65년 동안 성장지상주의를 추구한 결과가 빚은 발전왜곡의 유산은 후대 사람들에게 뿌리 깊은 악영향을 미치고 있다. 비효율의 반복과 낭비적인 시행착오를 되풀이 하고 있다[Newsweek, 1977.6.11. New York Times Magazine 1977.11.2. Korean Herald, 1978.11.11. Luther 1981].

1960년대 이후 한국 경제의 근대화와 산업화 과정은 박정희 군부 때부터 본격적으로 시작되었다. 그러나 군부의 강력한 산업화 추진 과정에서 노동계층과 빈곤계층, 특정지역은 철저하게 소외시키며 이용되었다. 한국은 1인당 소득 2만 달러에 국내 총생산 총액이 1조 달러를 넘는 국가가 되었다. 한국은 1인당 국민소득이 1962년 87달러에서 1979년 1,600달러로 증가하여 20배 증가했다. 하지만 같은 기간 동안 절대다수 국민을 차지하는 월급쟁이의 77%는 최저 생존 급여를 받았다 [Luther 1981].

한국경제는 일본의 식민지지배가 없었더라도 조선 말기 이후 자생적으로 발전했을 것이라고 경제학자들은 주장한다. 해방 이후 한국 경제는 5.16 군사혁명을 거치지 않았더라도 공무원과 노동자들이 우수해 지금과 같은 수준으로 발전했을 것이라고도 말한다. 한국경제의 발전은 박정희 군부의 지도력 때문에 획기적으로 발전했기보다는 노동자와 국민들의 피와 땀이 서린 고통의 인고 속에서 달성됐다. **과거 박정희 집권기 동안 획기적 경제발전이 가능했던 것은 중앙정보부의 비민주적 억압과 통제 관리, 재벌과 결탁한 특혜와 은전의 발전 전략, 일사불란한 군대식 유교적 관료주의와 권위주의적인 분위기 속에서 추구된 성장지상주의 전략이 잘 먹혀 들였다.** 당시 불균형개발전략과 수출 지상주의 추구는 현실에 부합한 사회적 합의로서 당연히 받아드려졌다. 그 동안 한국의 경제개발은 영남권과 수도권 중심으로 집중 개발되는 양식으로 나타났고 문화도 교육도 인구도 서울 수도권으로 집중화하는 불균형 발전의 전형을 보여주었다. 국토 발전은 양분화 하는 양상으로 굳어졌다. 모든 영역이 이중구조로 고착되었다. 이렇게 구축된 토대에 또 다시 자유주의적 시장경제원리를 내세우며 성장제일주의 개발을 가속화해야 한다는 주장을 내세우는 전문가들이 있다. 양적 성장을 하는 것이 먼저이고 이런 양적 성장을 통해 질적 변화를 달성할 수 있다는 사고가 기저에 깔려 있다. 경제성장과 발전에 대해 사회적 합의 없이 성장지상주의만이 최선의 개발 방법이라고 주장한다. 사회적 신뢰가 땅 바닥에 떨어져 있으니 서로가 믿지 못하며 자기 울타리만을 친다. 나라 전체는 어떻게 되든 가시적인 단기효과와 눈앞의 이득만을 챙기는 모리배들이 판을 친다. 시장원리를 주장하는 자들은 시장개방 시에 민족주의적 사고를 드러내면서도 안으로는 특권적인 위치를 확보하려고 수단 방법을 가리지 않는다. 이미 취득한 기득권은 현실로 받아드리고 이 현실에 맞는 경제정책이 추구되어야 한다고 주장한다. 이러한 주장은 기득권층에서 가장 잘 드러난다. 초일류는 계속 초일류로 자리를 지키기 위해 모든 국내자원을 몰아주어야 한다고 주장한다. 뒤떨어진 지역과 사람은 경쟁에 밀린 것이니 돌보아 줄 필요가 없다는 패권적 사고방식만이 사회 분위기를 압도하고 있다. 2007년 8월경 대통령 선거가 있을 때, 5.18광주사건을 소재로 한 영화 화려한 휴가가 개봉되면서 민주세력 계승자 대 반민주세력 계승자, 시민군 = 범여권 대 진압군 = 한나라당, 경상도당 대 전라도당, 보수당 대 진보당으로 갈라진 대결구도가 변질되는 망국적인 상황이 있었다. 국민은 정체, 경제, 사회적으로 극도로 분열되었다[중앙일보, 2007.8.2].

한국경제는 현재 OECD 회원국이지만 아직도 신흥국 신세다. 한국이 선진국을 따라잡기 위해서는 구미선진국이 3% 성장할 때 7% 이상 성장해야 선진국에 들어 설수 있다. 한국경제는 2000년대 들어서 평균 5% 성장하고 있다. 2010년 이후 앞으로 한국경제는 3% 저성장 국가로 구도질 것으로 예측하고 있는 실정이다. 이런 성장 속도로는 선진국경제를 따라 잡기에는 턱 없이 부족하며 갈 길이 멀 뿐이다. 한국은 복지 그물망도 넓고 탄탄하게 챙겨야 하고 무상 공교육도 확충해야 하는 과제들이 많이 산적해 있다. 이런 과제들의 해결은 지속 가능한 장기적 고도성장을 유지하기 위한 수요기반 확충과 혁신창출의 터 밭이 되 줄 수 있다. 한국은 새로운 한국형 자본주의 발전모델을 찾아야 한다. 한국은 핀란드, 아일랜드, 네덜란드, 스위스 등과 같은 자본주의 발전모델로 참고해야 한다. 또는 인구 5천만 내지 1억 명을 가진 영국, 프랑스, 이탈리아, 독일과 같은 자본주의 발전모델을 배워야 한다. 인구 1억 명을 이상인 브라질, 러시아, 인도, 중국과 같은 자본주의 발전모델을 모방국가도 유심히 살펴보고 인구 1억 명 이상을 가진 미국, 일본과 같은 자본주의 발전모델을 살펴보아야 한다. 한국은 휴대폰에 전문화한 노키아 기업이 국가를 먹여 살리는 핀란드 자본주의 경제와 소수 정예산업이 선도하는 스위스, 벨기에, 네덜란드와 같은 자본주의 경제를 면

밀히 공부해야 한다.

한국의 자본주의경제는 두 가지 특징을 지니고 있다. ① 한국 자본주의 시장경제는 자동차, 전자, 철강, 석유화학 등 4대 제조업이 전체 산업을 이끌고 있다. ② 한국 자본주의경제는 30대 재벌그룹이 한국의 전체 산업과 국민경제를 선도하고 있다. 이것은 전체 재벌집단이 한국의 내수시장을 압도적으로 지배하고 있다는 것을 의미한다. 구미 선진국의 시장경제와 달리 한국경제를 선도하는 재벌그룹 계열 대기업이 한국경제를 주도적으로 끌고 가고 있다. 한국의 중소기업들은 종속된 하청업체로서 낮은 기술력에 그치고 있고 세계경쟁력이 미약한 중소업체가 압도적으로 많은 이중구조경제 속에서 첨단 대기업이 선도하고 있다. 6 · 25 전쟁 이후 한국이 잘 사는 나라로 발전될 수 있었던 비결은 높은 저축률과 투자율에 힘입은 바 크다. 높은 저축률과 투자율의 뒤받침이 된 지속적인 자본축적 과정이 있었다. 자본 축적을 통해 경제 전반의 생산성이 향상될 수 있었다. 이 같은 선순환이 경제성장의 동력이었다. 지난 60년 동안 경제성장을 지속할 수 있었던 것은 대기업 위주의 공업화와 수출지향적인 경제개방 정책을 펼쳐 온 것도 힘 찬 동력이었다. 대외 교역을 확대하고 자본축적을 통해 생산성을 높이도록 유도해 온 것이 선진국 문턱에 들어선 성장 배경이었다. 그러나 경제성장 과정이 낳은 불행한 유산이 많다. 재벌그룹의 한국경제력 지배 현상, 금융억압과 대규모 정책금융의 관치금융, 무분별한 공업 육성, 부실기업에 대한 반복적 구제와 막대한 정부지원, 불균형 지역개발, 중소기업의 국제경쟁력 저하 등이 시장과 자원을 왜곡하였다. 앞으로 선진국경제에 진입하려면 최소한 5%대의 지속적 경제성장 유지, 정부정책의 일관성, 대외 개방과 혁신적인 동기의 강화, 신축적 자원배분 촉진, 거시경제 안정성의 제고, 창의적인 교육으로의 개혁, 재벌그룹의 전문기업 유도, 창의적인 기술 경쟁력 제고, 지역 및 계층의 균형 발전 등이 필요하다[아시아경제, 2010.12.2, 한국개발연구원; 한국경제 60년사, 한국의 경제 성장과 사회 발전 보고서]

우리나라 노동자들은 1인당 연평균 근로시간 2255시간[2008년 기준]**으로 경제개발협력국(OECD) 회원국 중 가장 길게 일한다. 한국 근로자들은 선진국 클럽인 OECD 회원국의 근로자들이 일하는 시간(연간 평균인 1766시간)보다 31.7%나 더 많이 일한다**[뉴시스, 2010.12.8, 기획재정부, 2010년 국가경쟁력보고서]. 연간 근무시간이 1900시간 이상 되는 나라는 한국(2255시간) 그리스(2116시간), 러시아(1997시간), 체코(1992시간), 헝가리(1986시간), 폴란드(1969시간) 등이다. 대부분의 유럽 선진국들은 한국과 큰 차이를 보였다. 서유럽 선진국들의 노동자들은 좋은 환경 속에서 적게 일 한다. 네덜란드(1389시간) 노르웨이(1422시간), 독일(1429시간), 룩셈부르크(1555시간), 프랑스(1559시간), 벨기에(1568시간), 덴마크(1569시간) 우리보다 짧은 노동시간 속에서 높은 노동생산성을 시현한다. 우리나라의 근무시간은 과거 30년 전(1980년 2875시간~2008년 2255시간)에 비하면 줄어들었다. OECD 회원국의 사람들은 1980년(평균 근로시간1733시간)에 비해 감소하였지만 크게 줄어들지 않았다. 한국 사람들(연평균 2천312시간)은 이집트 사람(2천373시간) 못지않게 많은 시간을 일 한다. 한국 노동자들은 프랑스 사람들(리용 1천582시간, 파리 1천594시간)보다 무려 730시간(약 1개월)더 많이 일한다. 대체로 아시아 사람들은 중동 사람들(2천63시간)보다 많은 시간 (평균 2천119시간) 일한다. 한국의 노동자들은 카이로의 사람들처럼 많이 일을 하면서도 선진국과 같은 높은 생활비를 유지하기 위해서 더 많은 시간을 노동하는 것이다[스위스 UBS / 더 타임스 / 연합뉴스, 2009.9.20]. 그러나 과도한 노동을 반복 되풀이 하면 건강을 해치게 되면 결국 생존을 위협하거나 노동생산성을 떨어뜨린다. 소비가계인 노동자들에게 노동생산성에 맞는 적정 수준의 높은 소득이나 사회적 인프라를 뒤 받침해 주지 않으면 절대다수의 노동가계로 이루어진 국민들의 삶의 질은 떨어질 수밖에 없다.

한국 근로가계는 많은 시간 노동하지만 한국의 노동생산성은 매우 낮다. 낮은 노동생산성은 낮은 고용율로 이어지고 있다. 한국의 고용율(62.9%)은 선진국들에 비해 낮은 것이 그 반증이다. 한국의 고용율은 OECD 30개 국가 중 20위다. **한국의 고용율이 낮은 이유는 여러 가지 원인이 있다. 첫째, 실업률(3.8%, 3위)이 낮음에도 불구하고 경제활동참가율(65.4%, 25위)이 낮다.** 특히 청년층과 여성의 경제활동참가(각각 25.4%로 29위, 53.9%로 27위)가 낮다. 통계상 한국의 고용율이 낮은 이유는 OECD 최고의 1인당 연평균 근로시간(2255.8시간)

이 보완하고 있다. 한국 근로자들은 OECD의 평균 근로시간(1712.1시간)보다 543.7시간 많이 일한다. 하루 근로시간을 8시간으로 잡으면 약 68일을 더 일하는 것이다. **둘째, 한국의 대학 졸업생 중 이공계 전공자 비율은 2위(32.8%)이다.** 그러나 고급 이공계 인력의 공급 정도를 측정하는 이공계 박사 학위 비율은 최하위권(22위, 37.6%)이다. **고급 노동자 공급이 선진국에 비해 취약하다. 셋째, 인구 100만 명당 특허 출원 건수도 1위(2656건)이다.** 그러나 특허 등 기술 수출액을 수입액으로 나눈 기술무역수지는 23위(0.43)로 처져 있다.

자본축적은 지속적인 투자를 통해 이루어진다. 자본축적은 국내외투자가 받쳐주어야 한다. 특히 기술혁신을 일으키는 설비투자가 지속적으로 이루어져야 하고 이를 받쳐주는 투자재원인 저축이 따라주어야 한다. **한국의 투자재원자립도는 외환위기 전까지는 총저축율이 국내투자율을 밑돌았다. 1998년 이후 경상수지가 흑자로 돌아서면서 저축율이 투자율을 능가하기 시작하였다. 국내 자금으로 경제발전에 필요한 투자자금을 조달한 것이다.** 그러나 1990년대 한국경제는 내수과열과 급격한 생산요소비용의 상승, 경제개혁 조치의 실패 등으로 1997년 12월 외환위기를 맞았다. 1998년 2백만에 가까운 대량실업과 13억 달러에 불과한 외화보유고 및 30%에 가까운 살인적인 고금리 그리고 대량 부도 등 최악의 상황을 겪었다. 외환위기는 한국경제를 국제 통화기금(IMF)의 관리체제 아래에 들어가게 만들었다. 최근에는 미국 발 글로벌 위기와 유럽 재정위기에서 다시 한 번 경제적 고통을 뼈아프게 경험하고 있다.

거기다 마약같이 번진 부정부패, 정치 사회 불안, 크고 작은 경제위기들이 고달픈 한국인들을 어렵게 만들면서 긴 노동시간으로 일하고도 낮은 노동생산성을 보이면서 경제성장의 동력을 떨어뜨리고 있다.

26. 박정희 집권기의 한국 자본주의 성격

박근혜 집권기(2013 ~ 17년) 시작과 함께 재벌개혁과 경제민주화는 우리 사회의 불평등 민주주의의 민주화와 한국경제 성격논쟁의 핵심 쟁점이 되고 있다. 흔히 재벌은 신자유주의 지배세력 안에 넣고 박정희 체제는 냉전반공 개발독재체제로 인식한다. 한국의 박정희 개발독재체제에 대한 설명 중에 강한 국가(strong state)란 말이 뛰어 나온다. 여기서 '국가가 강하다'라는 말은 기업가적 능력, 즉 동태적 효율성을 추구하는 개발 능력 면에서 강하다는 것과 다른 하나는 권위주의적 억압 또는 강압 능력 면에서 강하다는 뜻으로 해석할 수 있다. 박정희 체제를 국가 능력, 국가 자율성을 중심으로 파악할 때 박정희가 경제발전에 성공한 가장 중요한 요인은 두 가지다. 박정희가 시장을 완전히 부정하지도 않았지만 맹목적으로 따르지도 않았다는 것과 자본가를 통제한 점이다. 박정희는 자본가를 통제했다. 남미경제와 달리 자본가들이 노동자들을 억압해서 경제잉여를 창출하면서 그 것을 해외로 빼돌리는 것을 박정희는 막았다.

박정희는 심지어 자본가들의 소비도 규제했다. 박정희는 부유층들이 외제와 사치품들을 못 쓰도록 했다. 박정희는 자본가를 통제하고 투자를 규제했다. 그게 바로 산업정책이고 경제개발계획이다. 자본주의를 발전시키기 위해 노동활동을 금지하였지만, 그보다 더 중요한 자본을 통제하였다. **자본주의란 자본이 주인이 되어 노동을 상품 취급하는 체제에서 노동통제보다는 오히려 자본통제가 더 중요하고 쉬운 길이다. 자본주의는 자본이 주도하는 사회시스템을 살려 막강한 권위주의적 국가가 자본을 통제하였다.** 한국적 자본주의를 성공시키기 위해 국가가 자본의 고삐를 잡았다.

박정희 집권기의 자본주의 체제는 국가가 자본에 대해 생산적 투자와 수출을 하도록 나름의 발전규율을 행사한 국가 자본주의적인 성격을 지니고 있다. 자본의 노동억압을 아주 당연시한 시기였다[정승일 / 장하준]. **노동착취는 너무 쉬웠고, 당시 제3세계 신흥독립국에서는 누구나 할 수 있었다.** 근대화 그리고 복지국가로 가는 길에서 한국적 자본주의의 길은 서구 자본주의 길과 멀어져 갈 수 밖에 없었다. 박정희 군부는 노동자들에게만 폭력을 휘둘렀을 뿐만 아니라 자본가들에게도 무자비한 폭력을 행사했다. 그 폭력은 자본을 통제하는 산업정책의 한 수단이었고, 결과적으로는 한국경제를 고도화하는 요인으로 작용했다

[이종태]. 그래서 박정희 집권기의 자본주의 체제의 특징은 민주주의도 아니었고 자유주의도 아니었다.

박정희가 자본을 통제해서 자본가들의 사적 재산권을 침해한 것을 보면 사적 소유권과 시장을 절대시하는 자유주의자도 아니었다[장하준]. **박정희 체제에서는 국가가 노동도 통제했지만 자본도 강력하게 통제했기 때문이다.** 자본을 통제함으로써 비로소 박정희 체제는 성공할 수 있었다. 국가의 기업가적 능력과 산업정책, 금융 통제, 자본의 국경이동 통제는 박정희 체제가 거둔 경제적 성공의 핵심 요인이었다. 박정희 체제에서 국가의 자본통제와 노동통제, 자본과 노동에 대한 폭력이 행사되었다. 냉전 반공의 정치경제체제로서 한국의 개발독재가 억압적인 노동 규율에 입각하였다. **박정희시기에 일어난 재벌의 높은 투자열기는 특혜적 정책금융 등 재벌 퍼주기 유인에만 기인한 것은 아니다. 그것은 억압적 노동 규율에도 기인하였다.**

개발주의 고투자-고성장기제의 작동은 고강도 노동 규율이 제공한, 안정적인 이윤기회에도 힘입었다. **박정희 체제에는 국가의 재벌 지원에 따른 성과규율과 함께 노동규율, 그리하여 질적으로 성질이 다른 이중규율(dual discipline) 기제가 작동하고 있었다.** 바로 그런 억압적 노동 규율, 또는 노동기강이 재벌주도 고투자를 가능케 한 조건임과 동시에, 재벌을 견제하고 민주적으로 규율할 수 있는 대항력의 약체를 낳은 계급적, 권력 구조적 조건이기도 했다. 문제는 그것만으로 그치지 않았다. 박정희 체제 하에서 국가는 재벌을 통제하고 발전규율을 행사했지만 동시에 재벌의 요구를 수용하고 재벌에 의존했다. 다시 말해 국가와 재벌이 지배블록을 형성했다. **박정희 체제에는 개발독재 권력과 독점적 재벌이 공생하면서 발전지배연합**[조영철, "재벌체제와 발전지배연합 – 민주적 재벌개혁론의 역사적 근거", 〈개발독재와 박정희 시대〉, 창비사, 2003]**을 구축하고 있었다.** 또는 국가와 재벌이 상호 강화적, 호혜적 관계를 구축한 것과는 달리, 국가-노동관계는 노동이 거의 레버리지를 갖지 못한 관계였다[Eun Mee Kim, Big Business, Strong State, 1997, State University of New York, p.133].

고도로 권력이 집중된 정치경제적 과두지배체제, 국가-재벌 지배동맹이 노동과 국민대중의 참여를 정치적으로 배제하면서 경제적, 이데올로기적으로 에너지를 동원한 것이 바로 박정희 개발독재 체제였다. 독재국가와 독점적 재벌의 지배연합이었다. 영국의 진보경제학자, **코우츠**(D. Coates)는 국가의 능력은 대체로 그를 둘러싸고 있는 사회적 계급의 성격에 의존하며 그 사회적 계급을 통해서 국가는 통치할 수밖에 없다고 하였다[현대자본주의의 유형, 문학과 지성사, p.338]. 산업화 이행기 박정희 개발독재국가는 위로부터 계급 자체를 창조할 정도로 높은 자율성을 가지기도 하였다. 그래서 재벌의 국가의존성은 매우 높았다. 또한 거꾸로 국가의 재벌 의존성 또한 매우 높았으며 그 구조적 제약 아래 놓였다.

한국 자본주의에서 국가는 재벌의 국가라고 말해도 좋다. 이것은 재벌공화국이라는 말이 잘 보여주고 있다. 우리가 박정희 정권 집

권초기에 있었던 부정축재 처리의 전말, 중엽의 8.3 긴급경제조치(통상 사채 동결조치로 알려짐), 70년대 유신체제하의 중화학공업 육성정책 등 몇 대목만 훑어보아도, 개발독재정권이 단지 재벌을 통제만 한 게 아니라 얼마나 재벌에 의존하고 재벌의 동의를 구해야 했는지 잘 알 수 있다. 8.3 조치는 사유재산제를 무시한 비자유주의의 사례로 들 수 있다[쾌도난마, pp.58～59]. 8.3 긴급조치가 경기불황 국면에서 세금을 절반으로 줄이라는 등 재벌 측(전경련)의 공세를 받아들인, 가공할 만한 재벌 퍼주기, 비용과 위험의 사회화, 국민화 기획이기도 하였다[김정렴 ; 한국경제 정책 30년사, 중앙일보사, P.263]. 재벌이 개발 국가 후퇴와 신자유주의로의 전환과정에서 신자유주의 세력의 일부를 구성하고 있음에도 불구하고 여전히 한국자본주의의 역사적 동학에서 계급, 권력, 갈등의 차원을 체계적으로 도입하는 데는 실패했다. 국가-은행-재벌 연계는 **거센크론**[18]의 후발성 이론을 따라 제도적 대체물이었다[장하준, 신장섭]. **사회경제적, 정치적 제도 형태도 권력 및 계급관계를 응축하고 있거나 그것과 밀접히 연계되어 있다. 개발독재 권력과 독점적 재벌의 발전지배연합을 찾아 볼 수 있다. 자본주의 핵심골격에서 노동체제, 노사관계를 너무 간단하게 생각한다는 것, 그리고 국가자율성을 거의 물신화, 만능화하는 경향이 있었다**[장하준, 정승일 / 장하준 제도경제학 / 한국 자본주의의 성격 논쟁 / 장하준 · 정승일 · 이종태의 주장에 답한다〈4〉/ 프레시안, 2012.5.15. / 이병천 강원대 교수,〈시민과 세계〉 공동편집인].

---

18) 거센크론(Alexander Gerschenkron, 1904-1978)는 러시아 출생으로 미국경제학자이다. 그는 미국 하버드대학교의 경제사교수로 25년 동안 재직하였다.

27. 김일성의 공산주의 체제와 박정희의 자본주의 체제

한국 현대사의 한 획을 그은 김일성과 박정희, 두 사람의 라이벌 구도와 체제경쟁은 빼놓을 수 없는 인물이다. 두 사람이 이룬 국가 체제는 '국방국가'였고, 두 체제가 벌인 경제전쟁의 본질은 총력전과 같은 시스템 전쟁이었다.

정광민(54) 박사는 두 독재자가 벌인 경제전쟁에 초점을 맞춰 한국 현대사를 풀어냈다. 그는 누가 성공했고 누가 실패했는가를 떠나 그때 어떤 일이 있었는가에 분석의 초점을 맞추었다. **김일성은 군사제일주의인 반면 박정희는 경제제일주의를 택했으며, 이에 따라 북한은 실패했고 남한은 성공했다는 기존의 고정 통념부터 비판적으로 접근하고 있다. 김일성이나 박정희나 '경제의 군사화'를 추구하고 국방을 최우선시한 것은 별다른 차이가 없었다.** 남한의

1968년 향토예비군 창설이나 1971년 국가보위법 통과 등은 국방국가로서의 성격을 명확히 드러내고 있는 대표적인 사례다. 이런 관점에서 볼 때 김일성=군사제일주의는 부정적인 면만 부각시키고, 박정희=경제제일주의는 긍정적인 면만을 강조한 틀을 신랄하게 비판하면서 좀 더 전체적인 틀 속에서 분석한다.

결론적으로 김일성과 박정희의 경제전쟁은 똑같이 민생개발 경쟁에서 출발했다. 하지만 나중에는 국방개발 경쟁으로 무게중심이 이동했고, 결국 총력전적 시스템의 전쟁으로 발전했다. 남북이 치른 경제전쟁은 모두 3시기로 나눠볼 수 있다. 출발에는 남한이 한 발짝 앞섰던 북한을 바짝 쫓아가는 것이 주요 양상이었다. 북한의 '지상낙원론'에 대해 남한은 중공업 위주의 성장을 통한 '실력배양론'을 내걸었고, 국방경제를 강화한 북한의 '경제국방 병진노선'에 대해 남한은 '일면국방 일면건설 노선'을 통해 향토예비군을 창설하고 4대 핵공장을 추진했다. 둘의 경쟁은 결국 1972년 북한의 유일체제 성립과 남한의 유신체제 성립으로 이어졌다. **특히 주목할 부분은 김일성과 박정희의 경제전쟁에 따라 평시경제가 준전시 경제체제로 변화하는 등 시스템의 변동이 일어나는 대목이다.**

시스템 변동이 가장 극단으로 치달았던 지점은 전시 일본의 국방국가 체제를 똑 닮은 총력전적 시스템의 등장, 곧 김일성 유일체제와 박정희 유신체제의 등장이었다. **복지체제와 세계 경제시스템과**

교류하는 능력에서 차이가 있었을 뿐, 두 체제는 총력전적 시스템으로 전쟁을 치르는 국방국가로서 명확히 같은 성격을 드러낸 것이다. 이들이 추구했던 힘의 압도적 우위는 그 어느 쪽에게도 실현 불가능한 목표였고, 남과 북 양쪽에 낮은 복지의 이상한 고도국방국가를 만들어내는 결과를 낳았다. 경제전쟁을 치르며 김일성과 박정희는 서로 적대하면서 야합하고 야합하면서 적대했지만, 그 전사로서 살았던 남과 북의 인민들에겐 이들이 내걸었던 지상낙원도, 동방의 복지국가도 건설하지 못하고 그 후 고압적인 군부집권이 계속 이어지면서 후세대에게 남긴 유산으로는 한쪽은 가장 빈곤 국가로 다른 한쪽은 무질서한 난개발국가를 남겨놓고 있다[한겨레, 2012.3.21. 최원형 기자 / 부마항쟁을 주도했던 정광민(54) 박사 저서 ; '김일성과 박정희의 경제전쟁' 출간 / '경제 군사화 · 국방우선' 공통/유일체제 · 유신체제로 이어져]. 남쪽의 보수주의자들이 우상 시 하는 박정희와 북쪽 인민들이 신화적인 인물로 숭배하는 김일성에 대한 분석은 한국국민들에게 여러 가지를 생각하게 한다고 본다. 또한 재벌들이 박정희 시대 때 한국경제의 지배력을 확고하게 굳힐 수 있는 시기였기에 당시의 경제 환경을 살피는데 좋은 참고가 될 수 있다.

28. 경제개발기간의 한국자본주의

박정희 군부가 1960년대 경제개발을 시작하면서 가장 먼저 부딪친 문제는 가난과 빈곤이 뒤덮인 나라들이 직면한 사정이 그렇듯이 절대 자본부족이었다. 군사 정부는 화폐개혁, 민간차관, 외국인 투자 장려책 등 다양한 방식으로 투자 자금을 마련했다. **1960년대 후반부터는 자본시장을 육성해 자금을 조달할 목적으로 자본시장육성법을 제정해 제도적 장치를 마련했다. 거래소 같은 인프라도 만들고 세금 혜택도 주며 자본시장 활성화를 위해 대기업 지원에 총력전을 폈다.** 그러나 자본시장 활성화란 야심찬 목표는 1970년대가 넘어서도 달성되지 않았다. 기업공개부터 제대로 이뤄지지 않았다. **이에 따라 정부는 1972년 1차로 110개의 공개 대상 기업을 선정했다. 그리고 40개 기업을 상장시켰다. 이들은 모두 재벌집단을 성장시킨 모태기업들이다. 1975년부터 1976년까지 두 해 동안 100여개의 기업을 신규 상장했다.**

기업공개는 시장경제 시스템으로 가기 위한 필수 과정이었다. 하지만 정부는 세계 시장경제 역사상 유례를 찾아볼 수 없는 강제 기업공개 정책으로 이 과정을 단기간에 이뤄냈다. 이런 정부 개입정책을 통해 재벌집단 주도하는 한국형 자본주의가 형성되어 갔다. 강제 기업공개는 시장경제의 틀을 만드는 것이지만, 그 자체는 사적 소유권을 침해하는 역설의 정책이기도 하였다. 그 이유는 기존 주주의 의사와 상관없이 그들 소유 기업의 일부를 강제로 매각하는 정책이었기 때문이다.

당시 한국 시장경제의 발전은 목표 충돌과 역설의 정책으로 뒤엉킨 채 뒤범벅이 되었다. 한국 시장경제는 민간 기업이 스스로 구축한 것이 아니라 정부가 계획하고 설계해서 만들어낸 자본주의 경제이다. 한국이 정부 주도형 경제로 발전한 것은 성장 초기였으며 이후에는 민간의 역할이 더 컸다. 남미 등 정부 주도하에 초고속 성장을 추구했던 다른 개발도상국들이 실패했던 것과 달리 한국이 성공할 수 있었던 것은 민간 분야의 활발한 움직임 덕분이었다. 경제 발전 단계에 맞춰 정부의 시장개입이 변해 갔다. **초기에는 매우 적극적으로 개입했지만 1980년대부터는 민간 주도 경제운영으로 정부의 개입양상이 바뀌어 간 것이다. 정부는 경쟁 촉진과 대내외의 개방, 그리고 규제 완화를 통해 시장에 개입하는 정도를 계속 줄여나가는 단계적 규제완화와 개방정책을 추가하였다.** 한편, 교육 · 복지 · 노사관계 등 상대적으로 비시장적 영역이라고 여겨지던 분야에서 점점 시장경제적인 시스템에 대한 정비 요구가 커지고 있다. 1987년 이후 노조활동이 활성화된 노동시장의 경우는 시장의 역풍을 맞았다. 1990년대 초반까지는 노조활동이 노동시장을 왜곡하지 않았지만 노조활동이 강화되어 가는 동안 기업들은 고임금과 노동경직성에 대해 구조조정과 비정규직으로 대응했다. 대기업 정규직 근로자와 비정규직 근로자 간 간극이 점점 커지며 노동시장이 왜곡되는 양상이 강화되기 시작하였다.

한국의 농수산업 분야는 한국 제조업의 발전에 비해 상대적으로 가장 발전이 늦었고 여전히 후진적이다. 그 결과는 오늘날 식량 자급률이 낮고 식량 수입 의존도를 높이 방향으로 진전되었다. 이 같은 사정은 옥수수 · 밀 · 콩 가격 급등 → 밀가루 값 등 줄 인상 → 여타 유사 및 경쟁식품 가격 급등 → 엥겔계수 악화 → 물가 급등 요인 → 생활경제 악화 / 환율 및 금리 상승 요인 – 한국의 국제경쟁력을 악화시키는 요인으로 등장하고 있다. 국제 곡물가격이 하루가 다르게 치솟으면서 식량 자급률이 낮은 우리나라에 위기가 닥치는 불안감을 높이고 있다. 곡물 가격 폭등에 따른 물가 상승과 수입 의존도가 높은 일부 곡물의 수급 우려가 이미 현실화할 수 있다. 일부 식료품 가격의 단기적인 상승은 불가피하겠지만, 남 · 북반구의 대응 경작 등을 감안할 때 곡물가격 폭등이 식량 위기로까지 번질 가능성은 희박하다. 특히 우리나라는 전체적으로 낮은 곡물 자급률에도 불구하고 주식인 쌀의 자급률이 100%가 넘어 체감 위기는 다른 나라에 비해 낮다. 최근 수입에 주로 의존하는 옥수수와 밀, 콩 등의 가격이 급등함에 따라 국내 밀가루 값이 27.5%, 사료 값은 8.8% 오를 것으로 예상된다. 국제 곡물가격은 대개 6개월가량의 시차를 두고 국내 물가에 반영되기 때문이다. 수입 의존도가 높은 일부 곡물을 제외하곤 2008~2010년 불어 닥친 곡물파동이 재연될 가능성은 거의 없다는 것이다.

최근 옥수수 밀 대두 등의 재고는 낮은 수준이지만, 아프리카 남미 아시아 등지에서 주식으로 먹는 쌀의 재고는 충분하기 때문에 이들 국가에서 식량 위기가 발생할 가능성은 높지 않다. 또 현재 북반구의 수확이 끝나감과 동시에 브라질 아르헨티나 등 남반구 국가들의 농사가 시작되고 있는데, 곡물 값 상승으로 이 지역 농민들이 곡물 생산량을 늘릴 것이라는 전망도 곡물가격 안정에 대한 기대감을 키우고 있다. 한국은 아시아권 국가에서 국제 물가 변동에 가장 영향을 적게 받는다. 한국은 소비자물가 상승률 가운데 곡물가 비중이 아시아 평균보다 낮은 데다, 외환보유액도 많아 물가 변동과 같은 외부 충격에 대응할 여력이 충분하다. 그러나 해가 갈수록 곡물가격 급등 주기가 짧고 잦아지기 때문에 정부와 관련 기업은 경작 외적인 요인에 대한 대응력이 필요하다. 그 동안 선물을 통한 곡물 매입을 거의 하지 않았지만, 앞으로는 이를 적극 활용할 필요가 있다. 또 축산업자들이 고기 등급의 기준인 마블링을 좋게 하기 위해 사용하는 곡물사료 대신 풀 사료를 늘리기 위해 고기 등급제 기준을 바꾸는 조치도 필요하다.[한국경제, 최종석 기자, 2012.8.16]

저자약력

저자 **양 종 기**(梁 鍾 基)

- 연세대학교 경제학사
- 독일 자유베를린대학교 Diplom-Volkswirt
- 독일 자유베를린대학교 경제학 박사
- 서경대학교(구 국제대학) 전임교수
- E&I Center 대표

❐ 논저서와 주요 논문 및 연구보고서

- Die Crowding-Out Problematik im Rahmen der Kurzund Langfristigen Analyse, Peter Lang, 1987(magna cum laude; 최우수 박사 논문).
- 위기가 기회다, 공저, 다산출판사, 1998년
- 기관투자가의 자산운용(공저), 국민연금연구센터, 1998년
- 한국의 자본시장과 경제발전(공저), FESKOR SYPOSIUM, 1988년
- 경제의 이해, 도서출판 ONE, 2007년
- 거시경제학, 도서출판 ONE, 2008년
- 화폐금융 국제금융, 도서출판 ONE, 2009년
- 시장경제와 경제이론, 도서출판 ONE, 2009년
- 알기 쉬운 투자론, 신론사, 2010년
- 경기 안정화와 재정지출 및 통화정책, 경상논총, 1987년
- 한국의 자본시장과 경제발전, 경상논총, 1988년
- 환율결정과 그의 변동, 투자금융, 1989년
- 토빈의 Q이론과 통화 및 공채 발행의 국민 경제적 파급 효과, 투자금융, 1989년
- 독일 지방재정과 지방의회에 대한 연구, 지원연구논문, 1992년
- 독일 연방과 주 및 게마인데(Gemeinde)의 공채관리에 관한 연구, 지원연구논문 1992년
- 스위스, 독일, 영국의 금융제도에 대한 비교 연구, 지원연구논문, 1995년
- 기관투자가의 자산운용, 지원연구 보고서, 1998년
- 독일 연방과 주 및 게마인데(Gemeinde)의 공채관리에 관한 연구, 연구보고서, 1992년
- 공채발행을 통한 재정금융정책의 효과에 대한 고찰, 한국산업 연구, 1992년
- 미국 단기금융시장에 관한 소고, 투자금융, 1994년
- 多資産市場, 實物市場, 財政政策, 서경대학교논문집, 1994년
- 스위스, 독일, 영국의 금융제도에 대한 비교 연구, 지역연구, 1996년
- 공채발행의 국민 경제적 파급 효과, 서경대학교 논문집, 1996년
- 유럽의 자산관리업과 은행 진출의 동향, 금융, 2002년
- 유럽금융의 구조적 특성과 은행대출경로, 산업경영연구, 2002년
- 최근 미국 은행산업의 변화와 추이, 금융, 2003년
- 재정정책이 경제성장에 미친 이론적인 고찰, 사회과학논문집, 2007년
- 국민행복시대는 열리 것인가?, 도서출판 ONE, 2013년
- 달러와 한국경제, 도서출판 ONE, 2013년
- 근간) 한국의 부동산경제, 도서출판 ONE, 2013년

[양종기 박사의 경제이야기_3] **한국경제는 정상적인 시장경제인가?**

초판 인쇄 • 2013년 10월 14일
초판 발행 • 2013년 10월 18일
저 자 • 양 종 기
발 행 인 • 정 성 열
발 행 처 • 도서출판 ONE
주 소 • 서울특별시 마포구 신수동 448-6
등 록 • 제313-2003-427호
전 화 • 02-323-8536
팩 스 • 02-323-8531

저자와의 협의하에 인지생략

ISBN 978-89-6481-158-0

정가 13,000원

- http://one-book.co.kr